教养

余世维说
如何培养优秀孩子

余世维◎著

国际文化出版公司
·北京·

图书在版编目（CIP）数据

教养：余世维说如何培养优秀孩子 / 余世维著 . --
北京：国际文化出版公司，2022.10
　　ISBN 978-7-5125-1423-2

　　Ⅰ . ①教… Ⅱ . ①余… Ⅲ . ①家庭教育　Ⅳ . ① G78

中国版本图书馆 CIP 数据核字（2022）第 106027 号

北京市版权局著作权合同登记　图字：01-2022-5505 号

教养：余世维说如何培养优秀孩子

作　　者	余世维
总 策 划	北京时代光华图书有限公司
责任编辑	侯娟雅
特约编辑	李森森
封面设计	新艺书文化
出版发行	国际文化出版公司
经　　销	全国新华书店
印　　刷	文畅阁印刷有限公司
开　　本	787 毫米 × 1092 毫米　16 开
	13.75 印张　　　　175 千字
版　　次	2022 年 10 月第 1 版
	2022 年 10 月第 1 次印刷
书　　号	ISBN 978-7-5125-1423-2
定　　价	58.00 元

国际文化出版公司
北京朝阳区东土城路乙 9 号　　　邮编：100013
总编室：（010）64270995　　　传真：（010）64270995
销售热线：（010）64271187
传真：（010）64271187-800
E-mail：icpc@ 95777.sina.net

前言
Preface

家教决定一生的高度

我在各种各样的公司都做过管理方面的演讲。每次演讲之前我都要对这个行业进行调研、分析，会与这个行业的老板们进行沟通。做了半辈子的管理咨询，我发现，员工的竞争力、素质是与其家教直接相关的，家教决定他们一生的高度。

这就是我做"家教与竞争力"这个课题的原因。家长没有把孩子教好，老师再怎么挽救都很困难；如果老师也没有教好，那这个孩子步入社会、进入单位之后，也很难做出成绩。教育好一个孩子，就能让一个家庭获益，进而让社会获益。

如果说我今天取得了一丁点成就，那这成就要归功于我的父母。我父母没有受过了不得的教育，但是作为儿子，我回想起自己至今走过的路，非常感谢他们对我的教诲。在我小的时候，他们纠正了我的很多行为习惯，这对我后来的事业和生活帮助非常大。

母亲对我的影响最为深远，从小她就教育我做人要有魄力，心胸要宽广。我的父亲引导我多看书，我从小就看了许多各种各样的书，所以我喜欢接受多元化的思想。父母让我形成了良好的行为规范，助我打下了很好的基础，尽管我小时候受过一些苦，但是现在回想起来，这些苦是值得的，也是应当的。

我父母这样教育我，我在教育自己的女儿时自然也不敢马虎。我太太是一位极有学识且通情达理的人，我俩的家教理念相当契合。我想，一个家庭，如果父母的家教理念不合，是教育不出好孩子的。这一方管教，那一方纵容，肯定是不行的。我们的两个女儿相当争气，生活上乖巧懂事，学业上也小有成就，让我和太太很欣慰。大女儿结婚后，还经常对我和太太说："等我有了小孩，还要请爸妈来教导。"女儿认可我们的教导，我们当然高兴。

我有优秀的父母，我成家后成了孩子的父亲、公司的老板。我有很多的真实感悟，是我亲眼所见、亲身经历的，或者是我在生活中所体会的。我把这些放在这本书中，希望能给家长们一些建议。

当然，这本书里的建议和方法，只是我个人的浅见，谈不上全面、权威，还请读者谅解和包容。

目录
Contents

孩子的竞争力，父母来培养

　　培养孩子的竞争力，不是为了让他们将来冷漠地打败别人，而是希望他们可以带着温情去生活，乐观地争取自己在人生和社会中的价值。

　　我以自己和他人的受教经验，以及教养子女的心得，提醒各位家长：不要在孩子很小的时候，以孩子的前途为重点去规划他们的生活，去强行培养他们的各种能力。人生中的每个阶段都是有意义的，不要设定最后的结果，去置换孩子一生的幸福！

我的家庭受教生涯

我出生在中国上海，一岁的时候跟父母到了中国台湾。大学毕业后，我游学欧美，学成后先后担任过不少大型企业的高管。

我今天取得的成就，要归功于我的父母，我非常感谢他们对我的教诲。

我的母亲非常大气，她教育我做人要有魄力、心胸要宽广。我的父亲引导我多看书，我从小就看了许多书。书中那些我接触不到的生活和世界开启了我的心智，使我能够在原本有限的生活和世界中去体谅与理解不同的人和事，接受多元化的思想。

习惯指导着一个人的生活，也常常主导着一个人的命运。我的大部分好习惯都源于父母的教导。

从小，我母亲就要求我养成注意整洁的习惯，这对我产生了深远的影响。有一次搬完家，我对保姆说要把房间打扫干净，保姆却回答："先生，我们都要走了，还打扫它干吗？"我跟她说："阿姨啊，一个人要离开一个地方，就要干干净净地离开，新来的人才好开开心心地住进去。把房子打扫得干干净净再离开，代表一个人的教养和习惯，也代表一个人做事的风格。"

可以说，好的习惯由母亲传给了我，再由我和太太传给了我的两个女儿。岁月可以流逝，优秀的传统却生生不息，这大概是我们中国人说的薪火传承的意义！简单的生命特征传续下来不代表永恒，美好和价值才是我们追求传承的意义。

注意整洁只是父母传给我的一个习惯，处事严谨、有同理心、遵守规则、学会自律等都是他们留给我的最大财富。因为这些习惯，我在生活中得到了很多朋友的喜欢，初出社会很容易就赢得了很多人的好感和尊重。同样，我的女儿也因为我和太太的培养，得到了同学和朋友的认可，甚至因为讲秩序的好习惯得到了同龄人难以得到的实习机会。

在社会生活中，有这样一种交际规则：如果别人对你的印象很好，那么几乎你做的事他都会顺其自然地接受。人是很奇怪的关系动物，如果我肯定你这个人，那么对于你的缺点，我也可以接受。

这就是为什么我强调一定要遵循正确的价值观去培养我们的孩子，把他们培养成有涵养、有文化的人。其实，在我们的孩子因为更好的教养和习惯被他人垂青的时候，他们就已经拥有了超越同龄人的核心竞争力了。

除了各种习惯，父母对我身心的爱护使我感念至今。父母对我的教育的理念核心是"独立"，他们从来不干涉我的想法和事情，从来不会管我做了什么，大学选专业、出国读书这些事情，完全由我自己决定，他们只提供参考意见和各种帮助。他们认为这样才能培养我独立的思维和习惯。我对我的女儿也采取了同样的养育方式，她们成长得很好，完全可以过自己想过的生活。

我们经常说，做父母太操心了。其实，现在很多家长都过度呵护孩子，对他们过于操心，这样培养出来的孩子自然能力差、依赖性强，长大之后很难在社会上找到合适的位置。

　　在这本书中，我更多是从社会需要的角度来讲家长要培养孩子什么样的能力。社会需求什么，家长就培养孩子什么。另外，在现代社会中，家教是不可被替代的，但也不是万能的，所以，我的想法和建议都是针对家长在家教上可以做的改善，对于家长能力达不到的地方，我也不会提出无理的呼吁和希望。

　　培养孩子的竞争力，不是为了让他们将来冷漠地打败别人，而是希望他们可以带着温情去生活，乐观地争取自己在人生和社会中的价值。

　　我以自己和他人的受教经验，以及教养子女的心得，提醒各位家长：不要在孩子很小的时候，以孩子的前途为重点去规划他们的生活，去强行培养他们的各种能力。人生中的每个阶段都是有意义的，不要设定最后的结果，去置换孩子一生的幸福！

第一章

孩子的竞争力，父母来培养

幼年生活奠定孩子一生的基础

如果孩子在成长过程中出现了问题，那么回顾孩子的幼年生活，我们多半会发现，原来孩子出现的问题在他牙牙学语的时候就有征兆：三岁的时候，妈妈一离开他就哭，所以他现在很依赖妈妈，什么事情都要妈妈解决，难以适应住校生活；五岁的时候，他画了一只很丑很丑的小鸭子，还津津有味地给爸爸妈妈讲他心中那个七彩小鸭打败坏人的故事，妈妈当时很累，敷衍了一下，爸爸真心觉得那只鸭子丑，没有耐心听下去，他们完全不知道孩子的心中原来有一个美妙奇幻的童话世界……现在孩子已经不会幻想了，他踏实了，父母却抓狂了，因为孩子的作文写得干干巴巴，语文成绩一直不上不下……

幼时生活的环境以及父母或身边的人给予孩子的感受，往往影响孩子的一生。比如判断是非的能力、对待亲朋或陌生人的态度、独立自主的能力、与他人合作的团队意识，这些是由孩子根深蒂固的习惯决定的，是学校教育与社会教育难以改变的。如果父母期望孩子拥有健全的人格和良好的教育或素质，那么自己应该先做高尚的人。这样，才能给孩子以良好的道德与情感教育。

那么，我们的价值观、我们的生活方式是怎样通过日常的生活渗透到孩子的心灵之中的呢？一位妈妈给我讲过这样一件事情：

女儿小的时候，我给她买过一个布娃娃，她爱不释手，晚上也搂着娃娃睡觉，还会把娃娃摆正，然后和它说话，给它唱摇篮曲。有一次，我听见女儿对娃娃说："娃娃，你要乖啊，你不乖的话，妈妈就不喜欢你了。你不许玩水，不许和妈妈对着干，妈妈说的都是为你好！不听妈妈话的都是坏孩子。"娃娃没有反应，女儿便又饰演娃娃的角色，一个人玩得很开心。

女儿和娃娃的假想对话几乎一半以上来自我和她的对话，我听后深刻地意识到原来我对世界的看法，我对真善美、好与坏的各种设定就是通过这种方式传达给我的女儿的，我知道了自己言行的重要性。

当孩子用稚嫩的声音说出大人的话时，我们常常被孩子的幼稚和语言内容的成人化之间的反差逗得开心不已，但如果我们能安静下来想一下，就会看到我们是怎样把自己的主观意志或人生价值观加到孩子身上的。

幼儿是以各种感觉来认识这个世界的，凡是幼儿能够看到、听到、体验到或感受到的东西，都可以归入早期教养的范畴，比如走路、吃饭、说话等。如果幼儿在这些成长过程中遇到难题了，父母要做的只是给他一个安全的环境和适宜的引导。但是，是不是父母所有的教诲和指导都能被孩子接受和吸收呢？

通常，我们喜欢给孩子提一些空洞的要求，比如学习雷锋之类的。雷锋是很伟大，但我们能把"雷锋精神"四个字的细节讲出来吗？能够在孩子的生活中进行切实的指导，并且给他有助益的体验吗？都说学雷锋，结果没有几个学得像。这不是孩子们不愿意学，而是大多数家长抓不住雷锋精神的细节，让它变得抽象。父母都说不明白，当然很难让孩子理解明白。

因此，父母在教育孩子的时候，要注意孩子的年龄和心智，不要给他灌输他难以接受的理论和事实。

大女儿还很小的时候，每当我们的生活出现疏漏，我就会在她面前说："哎呀，这事情爸爸没想到，对不起啊。"如果是我太太的责任，她也会跟女儿说："哎呀，这事情是妈妈不好，妈妈不对。"其实，我们是要她习惯，爸爸妈妈不是神，也会犯错误，犯错不要紧，坦率地承认并且及时改正就好了，她也要向爸爸妈妈学习，敢于承担自己在生活中的每一份责任。

这种形式的话，我们在女儿们面前讲了三年，终于使她们懂得学会承担自己的责任了。比如大女儿读幼儿园小班的时候，有一次突然走到我身边说："爸，我刚犯了个错误。"

我们的教育有功效了。在我们家，承担已经是一种文化、一种氛围了，我的女儿们会为这个家庭做事，在出现问题的时候也不会推诿。

这是一种人生教育，和学校教育不同。现在，很多家长在这方面都做得不好。我们会发现：在学校里一直表现优异的学生在公司里可能不太爱与人交流，总是跟别人过不去；一个成绩非常优秀的学生在工作中不一定会有很好的创意。出现这种情况，就是父母没有给孩子做真正的人生教育。

只关注功课的父母只会让孩子成长的道路变得越来越窄，让孩子对优秀的认知变得越来越狭隘。

老师教知识，父母养情商

在职场，我们可能听过这样一句话：一个人凭高学历得到一个好的职位，凭高情商获得好的发展。也就是说，让孩子成才的决定因素不仅仅是智商，从社会实践来看，情商显得更为重要。

比尔·盖茨说："智商不是无可替代的，想要成功，还必须知道该如何做出明智的抉择，以及拥有宽广的思考力。"一个有较高智商的人可以收获丰富的知识，进而顺利得到一份工作。如果他有适应环境的能力，对外界和上司、同事没有什么过分的要求，对自己有正确的评价，不会让外界影响自己的情绪，在受到挫折时有再来一次的勇气，并可以不断增强自身的心理素质，不会怨天尤人或悲观失望，那么他的智商和潜能就会得到充分发挥，他在工作中就能游刃有余，走向成功。

可以说，一个人能否获得成功，智商很重要，情商更重要。

然而，在现实中，很多家长对孩子智商方面的关注和教导要远远多于情商方面。

孩子放学回家，父母一般会问："老师今天教了什么？"而不会问："你今天问了老师些什么？"以至于很多孩子都不敢与老师互动，主动性不强。

我大学的同班同学去美国读书，每次上课一轮到他发言，他就很紧张，后来竟因此退学了。其实他很优秀，托福也考了630多分，他之所以紧张，不是不会说，而是不敢说，怕说错，怕丢脸。他太重视学识，不敢面对困难和挫折，把自己"压死"了。

不少家长对于孩子智商的关注还有一个误区，他们认为孩子的智力水平受先天遗传和学校教育的影响较大，自己能参与的程度较小，因此，他们往往把教育孩子的责任推给学校和社会，抱着一种"别告诉我过程，我只想知道结果"的态度。殊不知，人与人之间最大的差别就是思想与习惯上的差别，如果一个人从小就养成了良好的习惯和正确的观念，他在未来取得成功的概率就会很大。

孩子的情感体验要远远提前于思维认知的发生。所以相对于智力培养，父母应该首先重视对孩子的情商培养。父母的教养方式过于严厉，往往会造成孩子的情感障碍。当孩子没有机会自由地表达自己的情绪、情感时，他就不会对父母形成健康的依恋关系。这样的孩子很难感知外部世界、感知自己与他人的关系、感知自己的心理边界，最终致使心理发展延迟或自闭。

提高孩子的情商应先由父母做起。家庭是孩子学习情商的第一所学校，父母的情商培养是孩子情感发展的基石。在家里，孩子将学到许多基本信息知识，比如如何判断别人对自己的反应、如何看待自己的感觉、如何洞悉别人的情绪、如何表达自己的喜怒哀乐，等等。

第二章

教养：
"受人欢迎"的孩子更有优势

●●●

　　教养是一种抽象的人生气质，不是用大道理可以讲清楚的。教养是我们给别人的第一印象，他人很容易从这个方面去评判一个人，进而决定要和这个人保持一种什么样的关系。

　　对于一个孩子来说，他首先通过自己的体验形成自己的行为习惯，然后才是接受学校教育规范言行。父母是孩子体验的首选对象，从他睁开眼睛看世界开始，父母的一言一行就是他追随和模仿的范本。

"有教之养"养出贵族之气

现在的小孩，将来会面对比我们开放得多的社会，他们将会在更多层面上与更多的人接触、交流。那么，教养就是一个展示他们能力的利器。

一个有教养的人，在学习、工作和生活上都能表现出良好的个性，处处受到欢迎。受过教育只是在技术层面上让孩子有了知识，而教养则是一种内在的品德涵养，远远不只是受过教育这么简单。让孩子成为有教养的人，需要从基础做起。

我有个梦想，我很想在国内办一所"贵族学校"。我认为所谓的贵族学校，不是生源的家庭富有，而是指这样的学校能替国家打造一流的、有教养的人才，这样的学校本身代表的不是金钱、阶层，而是素质、素养。我觉得能够把一流学生的素质培养出来的学校，就叫贵族学校。

"贵族"之贵不在于有钱，而在于精神品格之贵。贵族学校对学生各方面的礼仪规范，要求是极其严格的，在这样严格的要求下，学生才能养成贵族的绅士礼仪，才有了不遗余力坚持到底的品性。

"贵族"最显著的特征就是"教养极其好"，这种教养好带来举止有礼，带来风度翩翩，带来学识志气。其实，教养源自家庭，学校起到的只是深化巩固的作用。

"养不教，父之过"，这说明合格的家庭教育必须是"有教之养"。中国几千年来的传统文化认为，孩子要成长为有出息和有教养的人，得按照这样的顺序发展：修身—齐家—治国—平天下。

朱熹在《童蒙须知》中说："夫童蒙之学，始于衣服冠履，次及言语步趋，次及洒扫涓洁，次及读书写文字，及有杂细事宜，皆所当知。"孩子只有从小在家中做到"于洒扫应对进退之间，持守坚定，涵养纯熟"，长大以后才能通达事务，有所作为。

明代屠羲时撰《童子礼》，把修身养性的微言大义化作操作性较强的生活习惯和自理行为，包括盥栉、着衣、叉手、揖、拜、起、跪、立、坐、行、出入、邂逅、朔望、晨昏等二十三目，几乎涵盖了日常生活的所有大事小事。可见，塑造有教养的孩子是从培养良好的生活习惯和自理能力开始的。

比如，父母应该教导孩子养成良好的用餐习惯：应该保持地面、桌面的清洁卫生；吃饭的时候，前面摆一个碟子，这个碟子用来放骨头，不要随意扔在饭桌上；另外，不要对着碟子"噗噗噗"地吐，而要把骨头夹到碟子里。

也许你会说这是小事，其实这个世界上没有小事，什么事情放大了都是大事。

父母总是期望学校承担一切教育责任，把孩子推到学校，自己落得轻松，只想验收成果，成果不好、教养不好，便怪到学校以及老师头上。殊不知，孩子有没有教养，决定因素在父母身上，在家庭身上。

教养是几代人共同的事情，要想培养出有教养的子女，就要给他一个"教养好"的家庭环境。

教孩子守秩序、重伦理，是家庭教育的首要内容。

其实，我们大多数成年人对秩序和伦理并不感到陌生，我们国家关于秩序和伦理的思想源远流长。西周时确立的周礼以及春秋时孔子"礼、仁"的思想内核，在古代都是重点教育内容，可到了现代，不少父母只询问孩子数学考多少分、英语考多少分等，很少关注孩子的思想品德多少分、社会实践多少分。

没有规矩不成方圆，玉不琢不成器，在孩子小的时候就让他习惯规矩伦理的存在，在为人处世上表现出良好的教养，他长大后才能严于律己，不做出格以及违背道德的事情。

所以，我们给孩子的家庭环境，就应该有守秩序、重伦理的氛围。

不能熟不拘礼，尊重从家庭开始

有一次我在机场候机厅，有个孩子在哭闹，妈妈哄孩子："宝宝，不要哭了，不要闹了。"那孩子还是一直哭闹，妈妈竟然想出这样一个办法，她说："宝宝啊，妈妈不好，你打妈妈吧。"孩子不理妈妈，还在一个劲儿地哭，妈妈最后竟然拿着孩子的手打起自己来："打妈妈，打妈妈。"

对于这位母亲的行为，我真是不知说什么好。孩子怎么能打妈妈呢？在社会和成年人不断地批评现在的孩子越来越不讲礼节的时候，我们有没有反思过，是谁首先破坏了尊敬父母这个传统？在孩子小的时候我们不引导孩子尊敬父母，孩子长大之后又怎么会对父母、对他人施以有教养的行为呢？

知礼节是家教好的表现。很多父母只会责怪孩子在外面总是不知礼节，没有表现出良好的教养，殊不知养成礼节要从家庭教育开始，学会尊重要从家庭教育开始。孩子不可能只和家庭内部的成员打交道，他们在成长过程中会与越来越多的外人接触，而他们和外人接触的方式都是通过在家中和亲人打交道形成的。如果一个小孩能够尊敬自己的父母长辈，照顾自己的兄弟姐妹，那么他也会尊敬别人的父母，照顾别人的兄弟姐妹。这样的小孩才会得到别人的尊重和喜爱。但是，现在很多孩子都做不到"老吾老以及人之老，幼吾幼以及人之幼"。

一个人小时候不懂礼节，长大了多半会对妻子或丈夫任意打骂、对孩子粗暴相加，家庭生活自然不和谐；对同事极其无礼，工作关系就会不融洽；在接待客户时，对客户指指点点，自以为是，客户肯定也接受不了这样的合作伙伴。所以，不知礼节的人最终将是"孤家寡人"，家庭没了，朋友没有，客户丢了，穷途末路。

我的女儿们对长辈都是很有礼貌的，我和我太太从小就教导她们"不能熟不拘礼"。现在，很多家庭都有保姆，但是，保姆进门的时候，不少孩子连个招呼都不打，继续看电视或者玩游戏；家里来了客人，孩子也不懂得向客人表达欢迎之情。孩子这样的表现让别人皱眉头，也让父母觉得脸红。

我们家也请有保姆。保姆大姐的年龄已经不小了，比我小两岁，比我太太大两岁。她在我家工作了十八年，每次她一进来，我太太都会站起来以示尊敬。我太太这样做，也要求两个女儿这样做，因此女儿们也总是很尊重保姆。所以，家里如果来了客人，我是不会担心女儿们没有教养而让我丢脸的。

孩子的教养要从家庭生活中开始培养，父母要教导孩子做到有礼貌，而且必须严格要求孩子。"己不正，何以正人"，父母不仅应要求孩子严格执行，自己也要以身作则，否则，孩子看到父母不做，也会慢慢不做的。同时，对待孩子不礼貌的行为，比如顶撞人、脾气大、摔东西等，父母一定要严格管教，及时予以纠正，决不能姑息。

待客之道是最起码的家庭教育内容，从小就要让孩子学习。客人来了，不要只是大人去招待，孩子作为家庭的一员，也应该到门口迎接，打招呼，请客人进门，端茶端水果。寒暄之后，孩子应该懂得留给父母和客人一个安静的谈话环境。倘若客人留下来吃饭，孩子要学会请客人入席，让客人先坐，要明白第一个动筷子的应该是客人，然后是父母，最后才是自己。客人离开时，孩子还要在门口开门欢送。

当孩子参与到整个待客过程中并逐渐熟悉、掌握待客之道时，他会产生一种主人翁感，产生一种责任感，并慢慢地学会像大人一样成熟地思考问题。很多父母总是把自己的孩子当成小孩挡在身后，这样的孩子要么扭扭捏捏，要么目中无人。

让孩子多参与家务劳动，也是家庭教育的一个重要方面。孩子在家庭中不尊重父母长辈，往往是因为没有彻底了解父母长辈的艰辛，没有体会到父母长辈的辛苦。

如果问孩子：你们家的卫生谁做？你们家的衣服谁洗？你们家的饭谁做？孩子肯定说是妈妈。如果问孩子：你们家的电器谁修理？孩子肯定说是爸爸。如果问孩子：你们家的花谁浇？孩子会回答是爷爷奶奶。

那么，孩子在做什么？什么都不用自己做，就能睡在干净的床上、穿漂亮的衣服、吃可口的饭菜，能看电视、玩玩具。他总是轻易地得到一切、享受一切，他不知道要享受到这些是需要付出艰辛的劳动的。看不到这些艰辛，孩子就很难尊敬父母长辈。

所以，应该让孩子多从事一些家务劳动，这样，孩子体会到父母维系家庭生活的不易，体会到劳动成果的来之不易，自然对父母长辈就会有更深的敬意和尊重。

当孩子会尊重自己的劳动成果，就会尊重父母的劳动成果，也会尊重他人的劳动成果。当孩子形成尊重的想法和感觉时，就一定会在其他方面做得更好。

不论得失，不要让孩子失礼

　　诸葛亮是人们熟知的人物形象，他代表冷静、睿智的品质，他总是一副运筹帷幄、决胜千里的姿态。可是，他为什么不论冬夏都手持鹅毛扇呢？这里有一个故事。

　　传说在诸葛亮出山辅佐刘备之际，他的妻子黄氏送给他一把鹅毛扇，扇柄上画着八阵图。黄氏要诸葛亮随身携带，一则不忘夫妻恩爱，二则对行军作战大有裨益，三则告诫他息怒。

　　黄氏对诸葛亮说："你与家父畅谈天下大事时，我发现，你说到胸中的大志就气宇轩昂，谈到刘备先生想请你出山就眉飞色舞，一讲到曹操就眉头深锁，一提到孙权就忧戚于心。大丈夫要想成就事业，一定要沉得住气，这样才不至于在得失之间失了分寸，我送你这把扇子就是给你用来遮面的。"

　　诸葛亮拿起鹅毛扇试着一摇，头脑很快就冷静下来。因此，诸葛亮离开草庐后，一直手不离鹅毛扇，时刻不忘处之泰然、保持冷静。

成功者大多具有镇定的气质。一个人如果总是慌慌张张的，当领导派遣任务时，连笔都拿不住了，领导怎么可能信任他？多半就没有下一次了。即使领导仍将任务交给他，慌慌张张的个性也绝对容易让他在工作中出现纰漏。

那些叽叽喳喳叫个不停的鸟儿，一般个头都比较小，比如麻雀；而雄鹰偶尔叫唤一声，平时都在空中翱翔展翅，却总是能够引起瞩目。想成为雄鹰的，必须有安静、镇定的气质。

走路和说话会给别人直接的印象，如果走路、说话不慌乱，就会给人以沉稳的感觉。有的孩子走路经常这儿碰一下、那儿磕一下，如果你的孩子也是如此，我建议你稍微注意一下，并帮助他努力克制自己，因为一个人一旦习惯了慌乱的状态，就显得不沉稳，就容易做错事情。利用一些活动和娱乐项目来培养孩子沉稳的个性，不失为一个好方法，比如下围棋。

有了镇定的气质，孩子不管是在家还是在公共场合，都会照顾好自己的情绪，做到彬彬有礼。

要想让孩子获得这种气质，父母平时要格外注意孩子的言行。

第一，不要让孩子在家里慌慌张张地跑来跑去。

有的父母说，每次下班一想到回家要应对孩子的种种淘气行为就头疼。接孩子放学，他一路上手舞足蹈，总是奔跑着，连颠带跑转得父母头疼；回到家，孩子在家里总是跑来跑去，叫他拿个碗，他"嗖嗖"地跑去厨房，然后"啪"的一声不小心打碎了碗；此外，孩子开门、关门总是很大声，起立时总会碰到桌子，玩耍时总是把水杯打翻，拿东西总是会掉到地上，等等，这些都属于不沉稳的行为。

一些父母认为，孩子都好动，有这样的表现不足为奇，因此没有对孩子进行管教。而我要告诉你，孩子这样的行为不仅可能导致其做事莽撞，甚至会造成更大的隐患。

孩子沉不住气，不能让自己静下来，他在做事的时候可能会缺乏镇定与耐心。这种镇定与耐心既能让他好好思考，也能让他更加谨慎，从而能较快地想到做事的方法，还不容易出错。相反，静不下来的孩子在做事时就不容易很快找到好的方法，进而因为着急毛躁，心情变得很差，而糟糕的心情又会让孩子更难以解决问题，让孩子感到挫败。在面对挫败感时，孩子会觉得自己一无是处，于是更加生气了。这种事情经常发生，孩子就会变得很情绪化，总把情绪摆在脸上，不能控制自己的情绪。等他长大了，步入社会了，面对生活、工作中的各种难题，他也只能延续这种处理方式，除了生气、发泄情绪，想不到任何有用的方法。这样的人，他的人生能获得成功吗？

第二，对小事情不要反应过度。

我们经常看到这样一种现象：在餐厅里面如果有盘子、杯子掉到地上，马上就会有人回头看。这就是对小事情反应过度。这不仅会让当事人感到尴尬，也反映了围观者自己沉不住气的个性。类似的现象还有，飞机刚一降落就马上站起来把行李拿在手上，站在过道上准备下去；公交车还没到站就往门边冲；两车一剐蹭马上就有人吵起来，然后有人围观。其实，事情总会有解决的办法，根本不需要过度激动，为了一点小事就焦躁往往会让事情变得更为复杂，让情势更加危急。当面对小事不会亢奋、激动和焦躁时，面对大事时才能沉得住气。我们做父母的首先就要反省，看自己有没有这样的行为，如果有，就要努力改正。否则，这样的行为被孩子看在眼里，他们会怎样模仿呢？

还有一点是父母需要注意的：有时候孩子表现出惊慌失措的行为，尤其是做出一些小动作时，很可能是父母的得失心过重造成的。比如，父母喜欢问："儿子，你这次小测验考了第几名？"据我观察，相当一部分父母并不是真的关心孩子的学习能力，而是在想：我的孩子和同事、邻居的孩子在同一个学校，他的成绩不好，会丢我脸。这样的父母把自己的面子看得比孩子的分数更重要。如果听说同事的儿子是第二名，而自己的孩子是第二十名，他们就受不了了。

　　父母的紧张必然造成孩子的紧张，孩子一旦考不好就会局促不安，就开始抠手、卷衣角、跷腿。父母一方面要注意孩子这样的小动作，另一方面也要检讨一下自己的得失心。

公德为孩子的言行加分

我去过很多国家和城市，每到一个地方，我都会有很多感慨，尤其让我感触深刻的是，公德心不论对个人还是对社会，都非常重要。

其一，公民的公德心可以造就一个良好有序的环境，孩子在这样的环境中生活和工作，更容易获得幸福和满足感。其二，有公德心的孩子更能获得他人的好感。父母更多地从别人的角度出发，处处为他人提供便利，孩子在耳濡目染之下也养成了这样的习惯，这样会使得孩子在人际关系中更受欢迎，很多人都会愿意亲近他、帮助他。这样，孩子能很快地成长起来。

培养孩子的公德心，可以从"言传""身教"两方面入手。

第一，让孩子注意不要打扰到别人，尤其注意说话音量不要太大。打电话时，尽量让孩子学会到人少的地方去。

我的小女儿刚读研究生时，自己买了一部手机。家里如果有客人在，她总是到外面接电话或打电话。尽管这个习惯是她在国外求学时养成的，不过，我也一直教女儿说话要注意音量适中。

这两年，因为新冠肺炎疫情的影响，人们待在家里的时间变长了。有时候孩子想玩，又出不去，只好在家里活动，蹦蹦跳跳，跑来跑去，父母不加以提醒制止，会吵到楼下的邻居，长此以往，就会影响邻里关系，让生活环境变得不和谐。父母是孩子的第一教养人，孩子可能不懂自己的行为会给邻居带去困扰，这就需要父母及时提醒，告诉孩子这样做不对、为什么不对，以及应该怎么做。慢慢地，孩子就懂得收敛自己的行为了。因此，我们要告诉孩子，做任何事情的时候都要把声音放低，我们也要时刻提醒孩子这样约束自己。如此，孩子才会形成好的教养，养成为别人着想的公德心。

言传是非常重要的。言传主要是时刻提醒孩子，让孩子明确自己的责任和义务，只要是孩子的责任就要讲给他听。

"放学回到家自行车应该摆在哪里？"

"你的衣服要什么时候洗，谁来洗？"

"你的课本要放在哪里？废纸要放在哪里？"

"在公交车上、在图书馆里应该怎么做？"

…………

踩踏草坪、攀枝摘花、破坏小区设施，这些行为都是错误的，父母应该重视这些事情，多教育孩子应该怎样做，孩子才能逐步养成好习惯。

第二，父母要做好。父母注重公德，才能培养出注重公德的孩子。

比言传更厉害的是身教。言传是明面上的提醒，身教是潜移默化的影响。父母身教做得好，就会让言传发挥作用。父母身教做得不好甚至做错了，一方面会让孩子感到困惑，不知道到底怎么样才是正确的；另一方面也容易让孩子变得爱耍小聪明，有人的时候做一做表面功夫，一没人就不做了。

我和我太太忙起来时会到处出差，有时一个月在家中待不了几天，因此时常不能及时看到电费通知单，但回来的第一件事就是把电费补上。一次没有看到可以原谅，接连三次都看不到就不能原谅了。我想我和我太太都知道自己应该怎么做。

很多人只会埋怨公共事业做得不好，殊不知往往是我们在一些事情上没有做好，才加大了相关部门做事的难度。我们两三个月忘了交电费，就是没有遵守秩序。如果相关部门两三个月忘了给我们送电，我们肯定不愿意，只要断电两小时我们就会吵起来。

北京有很多过街天桥，多年以前总有人爱横穿马路，因为他们嫌走天桥麻烦，为了少走一些路、少上下一些台阶，便在马路中间直接穿行。有的地方为了防止横穿马路的行为，只好在路中间设置了护栏，就这样还是有人跨栏杆过去。这样做是有安全隐患的，非常容易出交通事故。这几年，大家的交通安全意识增强了，这样的现象也很少了。

不管是拖欠电费，还是横穿马路，都是缺乏公德心的表现，做父母的要注意规避这些行为。

此外，父母在买东西时、等车时要注意排队，在处理生活垃圾时要做好分类，在上下车、进出电梯厢时要注意礼让……在这些小事情上父母做得好，孩子才会跟着做得好。

纠正孩子的小家子气行为

很多父母可能并不是很明白什么是小家子气行为。下面这件事足以说明：

有一次吃完晚饭，我在小区里遛弯，广场上有很多妈妈带着孩子在玩。我看见两个五六岁的孩子在一起哭闹。听了一会儿后，我才知道原来是小孩 A 非要玩小孩 B 的玩具车，B 不给，A 便来抢，B 就哭了起来。A 的妈妈就对 B 的妈妈说："把你家的玩具车给我儿子玩玩吧！" B 的妈妈很为难，自己的孩子玩得好好的，不愿意拿出来。于是，两个小孩就一起哭闹起来。

我在一旁看了，忍不住就对两位妈妈说："你们两位的教育方法都有问题。你的儿子非要玩对方的玩具，别人不给便抢，这已经是不对了，而你当妈妈的不仅不教育孩子，还要求对方拿出玩具，这不太合适吧。还有你，是不是忽视了对孩子的分享教育？你儿子怎么没有学会与别的小朋友分享玩具呢？"

没想到，两位妈妈本来相互不服气，听我这一说，她俩反而将矛头一致对准了我，说我好管闲事。听两位妈妈这样说，我心中顿时生出一种悲哀。

有如此小家子气的妈妈，教养出小家子气的孩子也是不足为奇的。

很多父母都喜欢袒护自己的孩子，对孩子吝啬、计较和嫉妒的小家子气行为不加以纠正，就会导致孩子个性封闭或自以为是。这些都是人际交往中的障碍，处理不好，今后孩子就无法适应团队生活。

学会分享玩具可以说是在孩子生长过程中特别重要的一件事。分享玩具包含的内涵实在是太多了：个人意识与集体意识、仁爱与包容、分工与协作、协商与交往等。因此，父母必须重视这件事。

一流的父母在分享玩具上应该怎样教育孩子呢？首先，平时给孩子灌输"与人分享"这个观念。玩具要和小伙伴们一起玩，面包要分给小伙伴们一些，等等。其次，父母要接受孩子的分享。有的父母很喜欢逗孩子，比如爸爸说"把冰激凌给爸爸吃点吧"，当孩子把冰激凌给爸爸的时候，爸爸赶紧说"不吃不吃"。这种做法是错误的，这会模糊分享的概念，造成孩子的困惑。所以，平时对分享意识的培养应该是严肃的、正式的。

最后，从小就要培养孩子的协商意识。抢别人玩具的那个小孩就没有协商意识，他的妈妈当然有责任。

妈妈要先与自己的孩子协商：

"你要玩小强的玩具车，那你的玩具熊是不是应该给小强玩一下？"

"我不给。"

"你的玩具熊小强不能玩，那小强的玩具车你也是不能玩的。"

千万不要担心孩子的逻辑思维没有达到这种程度，其实两岁的孩子就能明白其中的逻辑。这时，如果父母纵容，孩子就会有下一次的无赖行为。

我朋友的小女儿刚刚两岁，不久前才学会作揖。那天，她四岁的小表哥拿来一个新奇玩具，她非常想玩，但要了几次，小表哥都没给，她便对小表哥作揖。我朋友说这件事时，内心是有着一丝骄傲的，因为他平时就用与大人相处的方式与女儿相处，女儿要求一件东西时，他就会反问女儿："那你要给爸爸什么呢？"

我想，小女孩既然能够这样做，即使最后没有和表哥协商成功，她也不会抢表哥玩具的。

想要孩子在为人处世中做到大气，摆脱小家子气，除了培养孩子的协商意识，还要坚持三项原则。

第一，要多欣赏而不是嘲讽。有教养的人在与他人沟通时多是欣赏而不是嘲讽。欣赏具有神奇的力量，能够激发人的积极性与活力，还能够增进人缘；嘲讽则相反，嘲讽、挖苦别人，不仅显得自己缺乏教养，而且特别伤人。

第二，批评要对事不对人。批评别人的方式往往从侧面反映了一个人的教养水平。有教养的批评是就事论事，只批评错事，不羞辱其人。当然，在批评错事的时候，也不要直接指责对方或夸大表达，避免用"这就是你的错……""你总是……"这样的句式。这样的批评不仅不利于对方认识、承认过错，而且易激起其反感的心理。一定要委婉地表达出自己内心的感觉，比如，"这个方案整体给人的感觉不够大气，是不是可以……""你把这么一大摞文件堆在我旁边，有点影响我工作，可不可以……"

第三，面对冲突时要力求双赢。人际交往中有冲突是难免的。解决冲突时应避免两败俱伤，尽量避免用"好了，都是我的错"或"反正你总是对的"这样的话语。用这种方式只是在发泄自己的愤怒，不但解决不了问题，反而会激化矛盾。而要用"也许你是对的"或"也许是我错了"这样真诚的表达，以达到双赢的结果。

引导孩子在为人处世上做到以上三点，孩子在处理问题时就会大方得体，不会偏激，也不会让人觉得小家子气。

第三章

自律精神：
让孩子学会自我控制

改变孩子，从改变自己开始。父母给了孩子规律的生活吗？父母做事有条理、有效率吗？孩子做事时，父母是不是总指手画脚，扼杀孩子的自觉性？是不是总嫌孩子做事太慢，急着去帮他？是不是总苛求孩子做事要完美，给他压力？父母让孩子品尝过磨蹭的自然后果，付出过代价吗？

父母没有教会孩子遵守规则，却要求未成年的孩子像成人一样对社会的规则言听计从，就是强人所难了。

小时候没规矩，长大后不成器

孩子出生时，他的一切活动都是由各种生理和心理的欲望支配的，饿了就哭闹，困了就睡觉，这种随心所欲，也是小婴儿的生理特点决定的。首先站在孩子的本能欲望和社会要求之间起调节作用的人就是父母。父母逐渐帮助孩子适应规则。在父母的影响下，孩子渐渐养成了规律的生活，定时吃饭，定时睡觉。从这个角度来说，当父母面对自己的孩子任性随意的行为时，不要再抱怨老师和学校没有培养出孩子良好的习惯，因为在老师和学校之前，父母的言行教育已经基本上让孩子形成了对于自律精神的理解。

对于已经工作的成年人而言，有自律精神的人工作会很努力、很认真、很仔细，这样就可以确保工作少出错；有自律精神的人有组织性，能够顾全大局、以大局为重，能够服从命令、配合同事把工作做好，这样就可减少许多工作矛盾，并能发挥团队的作用；有自律精神的人能够在执行工作前做好周密计划与充分准备，从而把工作做得井井有条；有自律精神的人为人可靠，说到做到，有始有终，对承诺过的事一定会负责到底，让协作进入良性循环；有自律精神的人坚韧，不会一遇到问题就打退堂鼓，而会想尽一切办法去解决问题，如果实在想不出办法、解决不了问题，他们会第一时间上报寻求协助，绝对不会一碰到问题就找上司并把问题推给上司；有自律精神的人会把圆满完成工作当成自己的义务，并为了完成工作尽最大的努力，包括努力学习新知识、总结工作经验。他们一切的行为都是为了一个目标——更有效地完成工作。

自律，就是对秩序的维护和对规则的坚持；就是自我约束的能力，知道有所为有所不为。一个人只有自律，才能控制更多的资源。不自律的人，常常无视规则，从来不能主动做事，而且很容易受到各种各样主、客观因素的干扰，很难做好一件事情、达到一定的目标。孩子在学校不能很好地学习，与同学争吵不断，在家喜欢撒娇，比较任性，自己的无理要求得不到满足便誓不罢休，这些都是缺少自律的表现。

如果问一个孩子家里最会破坏规则的是谁，他往往会说是父母。因为父母高高在上，是家庭规则的制定者，所以他们也有权破坏规则。父母破坏规则，孩子通常是不会说什么的，但是他会有样学样。所以，想培养遵守规则的孩子，父母首先要有自律精神。

国有国法，家有家规。做父母的有责任制定家规，并监督孩子去执行，有责任让孩子从小习惯规则的存在。

很多父母会说：我也想从小就规范孩子的行为，可是很难。真的很难吗？还是我们没有尽到父母应尽的职责？

培养孩子的自律精神，一定要严格要求，绝对不能姑息纵容。今天我们听了孩子的求情，明天又接受孩子找的借口，长此以往，孩子自然学不会自我控制，最后成为一个任性随便的人。这都是我们不负责任造成的。

我的大女儿在读幼儿园的时候，有拖拉的习惯，表现最明显的就是吃饭方面。我对我太太说，这种行为不可以，一定要扭转过来。所以，在一个星期六的晚上，我们决定好好纠正她。

那天黄昏，我叫大女儿吃饭。她一直盯着电视看，对我没有半点回应。这是我意料之中的，其实我和太太早就算好，饭菜只够我们两个人的量。接下来，我俩很快把饭菜吃光了。当我太太在洗碗、我在看报纸时，大女儿下来了，因为电视节目播完了。

她看见妈妈在洗碗了，问："为什么现在洗碗啊？"

我太太说："吃完了。"

"吃完了？我还没吃啊！"

"对不起，我们以为你不饿。"我太太故意说道。

她跑到饭锅前，一看里面是空的；一开冰箱，里面也是空的。最后，她拉着妈妈的裙子，问："妈妈，能不能给我煮点吃的啊？"

我太太说："都没有吃的了。"

"那能不能出去买点啊？"

"外面这么黑怎么出去啊？没有关系，明天还有得吃。"

大女儿赌气上楼了，呜呜哭起来。过了一会儿，哭声没了，我上楼一看，原来是睡着了。半夜，她忽然跑进我们房间，轻手轻脚地走到她妈妈的旁边，说："妈妈！我快饿死了，我都饿醒了。"

我太太一听这话，心就软了。很多父母管不好孩子就是因为心软。我不这样，一看太太要起来，在被子里抓住她的手，意思是让她坚持到底。

我太太只好对她说："回去睡吧，天就要亮了！"结果大女儿又回房幽幽地哭起来。

太太一夜没睡好，天还没亮就起来去给女儿做早餐，结果一开灯就被吓了一跳，原来大女儿坐在厨房里边，左手拿着筷子，右手拿着勺子，心想这一餐绝对不能错过。

从那以后，我们叫她吃饭她马上就来了。

我们家管小孩有两句话：第一，父母讲的话只讲一遍；第二，父母讲的话绝对不打折扣。

可见，教育小孩没有那么难，觉得难是因为纵容，舍不得，狠不下心。

整洁的家养出有秩序的孩子

《弟子规》中说："晨必盥，兼漱口。便溺回，辄净手。冠必正，纽必结。袜与履，俱紧切。置冠服，有定位。勿乱顿，致污秽。"早晨起来第一件事就要洗脸、漱口，方便后要洗手，衣服要穿得端正，要扣好扣子，穿好鞋袜，换下的衣服鞋帽都要放在固定的地方，不要乱扔乱放。

《弟子规》中还有很多类似的规定，这些规定小孩都是要遵守的。小时候养成好习惯，长大才能成为君子。君子的风度翩翩首先应该体现在衣着、住所上，不要做住所乱七八糟、衣着邋里邋遢的人。

整洁通常和有序连在一起。做到了整洁，便是有序；把物品都放在正确的位置，便是有序。这样做看着美观有条理，还方便下次使用，提高了效率。

我也非常注重整洁。我的头发永远干净，衣服勤于换洗；我用餐喝水，桌面、地面绝不会脏乱不堪。这要归功于我母亲的教育。

而我也是这样要求我的女儿们的。我一直认为整洁的家能够养出遵守秩序的孩子，这种秩序感会让孩子一生受益。

多年前的一个暑假，我的大女儿从英国回来，得意地跟我说学校要专门给她发一份奖学金。她的成绩并不是最出色的，也没有特长，所以我很好奇她到底得了什么方面的奖学金。

"老师说，全班只有我一个人下课后会把椅子放到桌子底下，桌上也总是最干净的。之后老师又让我去爱丁堡大学本科夜间部兼职，可以说我得到了两笔收入。"

她很得意，我也跟着高兴。我对她说："你的奖学金要分给我和妈妈一半，因为这个习惯是我们教的。"后来，她真的郑重其事地将奖金分给我们，对我们表示感谢。

说实话，我们为了培养女儿们这方面的习惯，花费了不少心思，两个女儿也没有少受苦。现在，我总结了几个应注意的方面，希望能给父母们一些好的建议。

第一，注意家中的各种物件使用后都要还原。

在我们家，女儿们吃完饭后的第一个动作，就是看地板上有没有饭粒，如果掉了饭粒，一定要捡起来。很多孩子吃饭的时候，都会将饭菜弄得乱七八糟，脸上会粘着，桌面上会有，地面上会有，衣服裤子上也会有。不要因为孩子小就忽视这一点，任由他们弄得脏兮兮的。在女儿们开始掉饭粒的时候，我们就要求她们捡饭粒，一段时间后，她们吃饭时就能保持桌面和地面的干净了。

此外，椅子推回原位，喝完水后要将杯盖盖好，筷子要放到筷托上。如果孩子总是在询问父母物件在什么地方，一会儿找不到剪刀了，一会儿找不到胶水了，一会儿找不到遥控器了，就说明这个家庭缺少还原意识。

有的父母说自己是这样要求孩子的，但成效不大，孩子总是记不住。遇到这种情况，父母就要严格一些。我那时的做法是晚上十二点叫女儿整理她们没有收拾好的地方。她们抗议说："爸爸，能不能早点叫我们收拾。"我说："不，下次，我凌晨三点叫你们起来收拾。"这样做虽然比较狠，但几天下来，她们就会做得很好。当然，做到这样了，父母也不能放松，需要一直坚持。

第二，家中要保持整洁，物件要干净整齐。

我管理员工会注意到一点，就是员工的办公桌是否整洁。办公桌整洁的员工，精神面貌好，做事也很严谨；办公桌乱七八糟的员工，做事情往往是一团乱麻。

父母应该这样要求孩子：衣裤、鞋袜、毛巾、书桌要保持清洁。一个小孩到了小学高年级，就应该知道自己把鞋子擦干净，知道整理自己的书桌，擦拭灰尘。

第三，学会整理，做事有条理。

条理性可以从图书、文具的摆放上来培养。有的家庭有书房或书架，但是他们的书架看起来跟杂货架似的，上面一摊，下面一摞。我们家的书房是要定期整理规划的。我的书、我太太的书、女儿们的书一直在增加，倘若不整理，我们家的书房肯定乱作一团。

平时，父母应给孩子准备一些收纳筐、收纳盒，放内衣的，放袜子的，放玩具的，放文具的，放鞋子的，分门别类各有归处，这样有助于孩子条理性的培养。

第四，教育孩子出去拿东西时一定要检查无误，并保证东西是干干净净的。

比如，邮寄的东西、呈交的作业，都要是干干净净的。我经常收到并误拆一些不属于我的包裹，因为这些包裹的寄送地址写得含糊不清或写错了。有些包裹里的东西是损坏了的，不是快递公司损坏的，而是寄东西的人当时就没有好好检查，直接将坏的东西寄了出去；有的人甚至把要寄的东西忘了一部分，只得把包裹拆开重新装一遍或者补寄。这都是对资源的浪费，这种浪费就是我们没有好好检查造成的。

培养孩子定时定位的习惯

"闲时不烧香，急时抱佛脚"，用以形容一些人平时不好好准备，临时做一些事慌忙应付以求渡过难关。

要想出色地完成一项任务，事先就要做好充分的准备，打好各方面的基础。之前没有好好做准备，临到头了再抱佛脚，是无济于事的。

在正确的时间、正确的地点，做正确的事情，定时定位检查自我，这样才是正确的。

很多小孩吃饭磨蹭，一碗米饭能吃一小时，一口米饭要含在嘴里十分钟才咽下去，仿佛要把米饭融化似的；穿衣服、写作业也很磨蹭。有的小孩总喜欢一边看电视一边做事情，手里拿着抹布擦桌子，眼睛盯着电视，把杯杯罐罐碰倒一片；有的小孩勤快是勤快，可一会儿去卫生间，一会儿找东西，一会儿又被同伴们叫去玩了，总是不能按时完成事情，或把事情做到一半就搁置在那儿了。父母一定要把孩子的这些方面教好，让孩子具备分配时间、控制时间和管理时间的意识。

有的人会抱怨自己的生活一团糟，混乱不堪，其实不是因为事情太多，而是他的事情都不在正确的轨道上运行。凡事预则立，如果我们把要做的事都妥善安排，做好时间管理，生活自然会轻松愉快一些。

我的工作非常多，工作内容也多种多样，但是我认为我的工作完成得还可以。我没有耽误公司签约，没有忽视员工，也没有牺牲家庭生活，此外，我还有一些时间来充实自己，发展自己的爱好。你肯定要问了：你是怎么样做到的？

我的回答就是：定时定位。

以下情况通常发生在那些不会定时定位的人身上：

我觉得我可以工作得更努力一些，我总是觉得我可以做得更好一些。

我不知道我上周工作了几小时。

我总是将事情拖到最后一分钟才做。

对我来说，开始一项工作很难，哪怕已经订好了计划的。

我对下一步要做什么不很确定。

我在不同的任务之间频繁地换来换去。

我在某些地方某些事件的工作效率要比其他一些地方一些事件的工作效率高。

我工作没有规律，往往在某项工作上花费很多精力和时间后又转到其他工作上。

我不可能完成我想做的所有事情。

我不确定自己是否在优先处理重要的事情。

我工作时没有任何计划。

…………

从这些情况来看，我们可以总结出定时定位应该包括四方面：
积极、按照顺序做事、通盘考虑、提前准备。

积极属于态度问题，由它衍生出的最顽固的问题便是拖延；按
照顺序做事是方法，学会了按照顺序做事，我们会发现自己的效率马
上提高了；通盘考虑是前提；提前准备是有效保障。接到一项工作，
如果我们能解决好这四个方面的问题，事情也就做好一半了。

时间无法存储，对一件事不积极地去做，时间就在拖延中浪费掉了。

合理使用时间就是要分配好时间。按照顺序做事就是分配时间
的原则。编排顺序的标准不是自己对事情的喜爱程度，而是事情本
身的重要程度。我们通常将事情分成四种：重要紧急的事情、重要
非紧急的事情、非重要紧急的事情、非重要非紧急的事情。这就是
我们做事的顺序。所以，当我们遇到很多事情时，先给各项工作分个
类，按照轻重缓急加以取舍，这样避免慌乱无章，工作就好进行了。

通盘考虑就是要把精力放在能获得最大回报的事情上，而不
是在琐碎的事情上浪费太多时间。因此，在工作之前制订详尽的工
作计划是非常必要的。我建议每一位有心人都要制订一份一段时间
内的详尽工作计划，并在每天结束前精确地安排第二天的工作。另
外，考虑到劳逸结合，还要制订一份科学的休息时间表，从而保证
自己始终能精力充沛地从事最有意义的工作。但是，大多数的人会
花很多时间去"救火"而不是制订计划，直到期限临头才手忙脚乱。

通常，我们的时间都浪费在很琐碎的事情上。我一个从事工程
设计的朋友说："如果准备好，出图是非常快的。"我就问他这"准

备好"包括什么，他说："要找到老资料，要准备好各种工具，要跟工人们进行沟通，要计算各种数据。一些出图慢的工程师往往是这四个准备没有做好。我的工作同样如此，平时需要做准备的地方非常多，都是一些琐碎的事。对琐碎的事情不上心，处理不好这些事情，就会耽误那些重要的正事，影响最后的结果。"对待琐碎事情的方法就是要做好批量处理。我们要善于使用记事本以及列清单，让脑子空下来，做更有创造力的事情。

最后，我要提一个很小但很重要的建议：管理好桌面才能管理好时间。书桌是一个重要的东西，它是培养纪律性、培养条理性、培养秩序感以及管理时间的重要工具。

不管是员工还是孩子，都应该做到保持桌面整洁。对于员工来说，管理好桌面就是创造了高效的办公环境。想想我们每周都要用到什么资料，这些是否都可以在桌面上找到。

孩子也是如此。父母要先让孩子把自己学习的环境整理好。学习时整理好桌面，只留下正在做的书本，经常需要的工具书要放在容易取得的地方；每件东西要摆放在正确的地方；做完一件事后要将桌面整理一遍，收好不需要的东西。

只有从小培养孩子定时定位的习惯，孩子以后在学习、生活和工作中才会事半功倍，少吃苦头。

教会孩子今日事今日毕

我管理员工几十年，也做过很多管理咨询方面的演讲，讲得最多的就是"执行"。无论多么宏伟的蓝图、多么正确的决策、多么严谨的计划，如果不能严格高效地执行，最终的结果都会和我们的预期相差甚远。而克服拖延就是顺利执行的第一课。

做事拖拉磨蹭、懒惰、逃避劳动是发生在孩子身上比较普遍的现象：早上起床，即使有十个闹钟在响，即使马上就迟到了，孩子依然不想起床；吃饭的时候，孩子总是吃一口就玩一会儿，一顿饭可以吃上一两个小时；放学回到家，总是拖延很久甚至快睡觉了才打开作业本，明明半小时可以完成的作业却要磨蹭着做两三个小时；一家人急等着出门，但是孩子依然不紧不慢地穿衣穿鞋……

孩子做事磨蹭并不是性格上的缺陷，而是一种不良的习惯。拖延是一种精神腐蚀剂，因为拖延懒惰，孩子不愿意爬一个小山岗；因为拖延懒惰，孩子不愿意去战胜那些完全可以战胜的困难。

学习中的拖延懒惰，会让孩子不思进取、不求上进，缺乏刻苦努力的精神，逐渐丧失学习的动力，原本意气风发的少年可能因为拖延懒惰而葬送了美好的前程。在生活中，孩子办事拖拖拉拉，花费太多的时间在玩游戏、看电视上，甚至脑袋空空的，不知道在想什么，这样他们很少有时间做正事，做事效率低，也很难把一件事情做好。

我们在职场上会见到这样一类员工，他们的整体状态是放松的，行动是缓慢的，做事情能拖则拖，能推则推，一件事情本来应该今天办，他偏偏要拖到明天甚至后天，本来应该由他办，他偏偏要推给别人去办。

拖延最直接的后果就是浪费时间，今天一事无成地过去了，却增加了明天需要处理的工作量。长期这样下去，要处理的事情越来越多，焦虑症、抑郁症可能就产生了。

领导当然不喜欢做事拖拉的员工，让这样的员工做事是会坏事的：写个报告要半年；竞标时比别人晚一步以致无法中标；准备一份材料要拖一个星期，耽误了签合同的时间。可见，这种拖拖拉拉的员工的竞争力是非常弱的。

拖延首先是工作态度问题。让我们来看看拖延者的表现：强调时机不对，敷衍搪塞，不愿承担责任，为了轻松，逃避节奏紧张的生活。所以，克服拖延首先要改变态度，承认拖延是一种无益的生活方式。

日本一位很有名的禅师叫亲鸾上人，他在九岁时就立志要出家参佛，于是跑到寺庙里请求老方丈为自己剃度，老方丈询问他年纪这么小为什么要出家。

他回答："我父母都死了，我不知道人为什么会死而我为什么要与父母分离。为了探寻这方面的道理，我一定要出家。"

老方丈说："好，我明白了。我愿意收你为徒，但是今天太晚了，我明天再给你剃度。"

他听了之后，不以为然，对方丈说："师父，还是现在就给我剃度吧！我终是年幼无知，不能保证自己出家的决心是否可以持续到明天。而且，师父您也不能保证您是否明早起床时还活着。"

老方丈听他这样说，不怒反喜，说道："你说得对，我现在马上为你剃度。"

亲鸾上人年龄那么小，做事情却很坚决，一点也不拖沓。我们的孩子如果能像亲鸾上人这样做到"今日事今日毕"，那便是非常不错的。

克服拖延的唯一秘诀是马上行动。亲鸾上人的行动力是非常强的。如果孩子本身自制力比较强，在这方面父母就不必过于担心；反之，就需要父母的监督和帮助了。

父母平时要不断向孩子灌输准时、守时的观念，无论做什么事情，都应该给孩子一个明确的时间限制。很多父母催促孩子时都习惯用"你快点""抓紧时间"这类词语。我建议父母们将这些模糊空泛的话换成明确具体的时间限制表述，比如"十分钟吃完饭""五分钟后出发""用半小时收拾房间""离上学还有二十分钟"。这种正面预期形式的表述能让孩子更好地理解，能让孩子掌握使用时间的准则，对时间形成具体形象的概念和印象。

有的孩子做事拖拉是对家庭教育方式的软性对抗，他们用拖拉来表示不满，拒绝合作。因此，父母要清楚孩子拖拉是否因为自己的教育方式不恰当。父母不要一味地责问孩子，而要听听孩子的心声，经过共同探讨协商而找到的解决方法，才会有助于孩子提高做事效率。

家庭教育环境影响孩子的做事习惯。有的父母过于宠爱孩子，什么事都不让孩子去做，致使孩子的动手能力很弱又不讲究方法，这都是导致孩子做事拖拉、效率低下的原因。

父母应该为孩子创造劳动环境，不仅让孩子参与一些家庭事务，还要教孩子一些做事方法和小窍门。让孩子知道如何行动是非常重要的，要让孩子明白，把大工作分解成小工作是行动的重要原则，这样做有利于降低工作的难度，有助于推进工作的进程。一口气跑10公里，谁都可能会畏惧，感觉自己办不到，但跑100米是谁都能办到的，只要跑100米，再跑100米，再跑100米……10公里也就跑完了。

让孩子自由发挥不等于让他任性随便

我太太是一位教师，很多家长都问她："到底要不要给孩子太多约束？"

我太太说："当然是要的。"

"这么多约束和规则会不会妨碍孩子的自由发挥？"

"约束是为了不让孩子任性随便，任性随便和自由发挥是两个领域的概念。"

我很同意我太太的说法。很多父母都混淆了这两个概念，为了让孩子有自由发挥的余地，就不约束孩子，不给孩子定规矩，结果，孩子就成为任性随便的人。

自由发挥的是人的想象力和创造力，而任性随便指的是人的不好的行为。一个人行为随便并不代表他很有创意。另外，行为随便、生活不严谨甚至乱七八糟，肯定会影响自己的工作。

不让孩子任性随便，就需要对他们有约束。孩子的道德发展有一个从无纪律到他律再到自律的过程。孩子任性随便而为，通常有两种情况：一是没有自律意识；二是主观上有约束意识，但是行动上无法很好地控制自己。

根据这两种情况，我们就找到了父母需要努力的方向：一是要加强孩子对社会规范和道德准则的认同，强化其自律意识；二是要教会孩子一些自律的方法。

父母平时必须有意识地让孩子了解日常生活中的种种规则，比如在学校应该遵守的规则、在家应该遵守的规则、对待他人应该遵守的规则、在公共场所应该遵守的规则等。在孩子触犯规则的时候，首先给孩子一个合理的解释，然后选择恰当的方法进行小惩戒，让孩子对规则产生明确的认知。这样，孩子在行动前，肯定会用心中的规则进行衡量，就不会随随便便做出出格的事情了。

不要总是在第一时间就满足孩子提出的要求，尤其是不合理的要求。比如，孩子看见一个玩具，非常喜欢，想买，父母不要因为孩子喜欢或孩子软磨硬泡就轻易答应，不妨和孩子讲讲条件，告诉孩子天下没有免费的午餐，要获得玩具必须付出什么，比如可以付出时间等到生日的时候再买给他，或是付出努力，等他做到了什么事再买给他。类似的做法不仅会让孩子懂得付出才会有收获，还会让孩子学会节制。培养自制力可以避免孩子总是任性妄为。

孩子自己懈怠，不能够随时约束自己，通常是因为对自己、他人以及社会没有责任感。孩子在学习上不约束自己，是没有认识清楚自己的责任；在公共场所不能约束自己，是对他人的不尊重、不关心、不负责。因此，加强对孩子责任感的培养，对于孩子加强自我约束是很有帮助的。孩子如果对自己、父母、他人和社会有了责任感，就会很好地约束自己，坚定决心达成目标和愿望。

自我反省与自律有着很大的关系。我们都有体会，当我们进行反省的时候，往往会责怪自己不努力、不认真，同时在心底给自己一定的暗示，要求自己在以后约束自己。

倘若孩子有自我反省的习惯，那么他们离自律就不远了。自我反省可以让孩子认识到自己的错误和不足，鞭策自己，及时修正自己的心态，促使自己在未来自律。所以，教导孩子养成反省的习惯，让他们多思考，也是有必要的。而且，多思考也有利于孩子找到更为妥善的处理方法，在以后更好地做事。

第四章

学习力：
让孩子养成读书的好习惯

孩子的读书计划要与他的年龄和实际需求结合起来，要能让孩子有层次地去读不同的书。一个非音乐专业的学生在上大学时天天听音乐没有问题，但是如果他总是不在本专业的课程上下功夫，那只能说他培养了自己的兴趣爱好，不能说他掌握了专业技能。

在合适的时候让孩子学习适当的东西，这是对孩子一生精神动力的一种有效安排。如果父母在这方面做得好，能帮助孩子制订合理的读书计划，孩子将终身受益，他的人生动力也会永不枯竭。

为孩子提供良好的读书环境

现在不少父母常要求孩子好好读书，却不自觉地把"读书"这两个字简化了。"读书"不是只要孩子学习课本知识，更重要的是要让孩子懂得有价值的社会文化知识。

有这样一种父母，他们往往对孩子的学习成绩要求严格，但是基于自己生活经验和见识的浅薄，又会说出"搞原子弹的不如卖茶叶蛋的"这样戏谑知识的话，瞧不起做学问的人，于是，孩子会被影响得很分裂，既要好好学习，又要跟着说"读书不如做生意"。这样的孩子长大了肯定非常浮躁。

在孩子小的时候，父母一定要给孩子提供一个好的读书环境，这才是对他们的未来负责。良好的读书环境，指的不只是让孩子有书读，更是让孩子能够安心读书，是父母能够带孩子一起读书。

有一次，我的两个女儿在家吃饭。太太看着两个宝贝女儿，心中发出感慨："你们两个读书好，又懂事，但是其实我和爸爸对你们的学习管得并不多，你们完全是自发的啊！"

大女儿看了妈妈一眼，说："其实不是这样的，你们做得很好，因为我们都没有看过你们吵架，即使你们什么都不做，我和妹妹内心都是安定的。所以，我们做事都能专注。"

听了女儿的话，我太太想起几年前发生的一件事。

当时，我太太要去一个小女孩家给她辅导功课，但是这个学生问："老师，我能不能在你家复习功课？"

我太太询问她为什么，她说："我不愿意回家，我们家跟冰窖似的。"

我太太很诧异，这个学生家庭条件很好，父母都是公职人员，为什么家里跟冰窖似的？

这个学生说："我爸和我妈谁也不理谁，他们明着不闹矛盾，暗地里却在冷战。我受不了，我不愿意回家。"

可见，和睦的家庭环境，对于孩子的学习成长是至关重要的。

对于孩子的学习，父母觉得，给他们买好书，尽力辅导他们的功课，就是最大的帮助，而我女儿的话让我明白，作为父母，我们真的还可以做得更多。

"蜂以采花，故能酿蜜；蚕以食桑，故能成丝；海纳百川，故能成其大；人读百家书，故能养其气"，与读过书的人交谈，如沐春风。饱读诗书的人在施展才华时，会让人觉得他不平凡。这种不平凡就是读书养成的气质，是一种灵性和光彩。书读多了，自然而然就会受到书本内容的影响，一言一行依书而为，形成读书人所特有的言行举止，也就是书卷气。这种书卷气给人以温文尔雅的感觉，让人不自觉地产生敬佩之情。

班昭是东汉时期有名的才女。她不仅美丽动人，还有着渊博的知识。班昭出身名门，按照当时的社会环境，生长在如此富足的环境中，女孩一般都是养在深闺，享受荣华富贵，待到长成时，再由父母之命、媒妁之言，嫁到一个足以匹配自己的显赫家庭相夫教子。但是，班昭并没有这样，这与他父亲班彪的教育有很大关系。

　　班彪当时是十分有影响力的儒学大师，对家教十分重视。他的大儿子班固是史学家，是《汉书》的主要编著者；二儿子班超两次出使西域，是著名的政治家和军事家。在教育孩子方面，班彪没有忘记自己的女儿，鼓励女儿读书学习，家中的藏书都可供班昭学习。所以，比起父亲和哥哥们，班昭一点也不逊色。

　　未出阁的班昭，已经十分了不起了，被冠以"才女"之名，再加之外貌出众，更是美名远播。

　　小小年纪便有如此声望，并没有让班昭妄自尊大。她性格温柔细腻，为人谦逊，举手投足之间都有着非凡的气质，就连皇后都赞赏她的气质胜过皇家公主。班昭最终成为我国历史上第一位女历史学家、女文学家以及女政治家。

　　班彪为子女们提供了好的读书环境，家里的书日积月累后汗牛充栋。更重要的是班彪会和子女一起读书，一起探讨史学、军事、人文。这才是最有益的读书环境。

　　有的人把书房装修得十分豪华，藏书也多，中国古典文学作品一书架，外国名著又一书架，但这些书都被束之高阁，书页都是崭新的，一次也没有看过。这样，书成了他们家的装饰。这是多么可惜的事情。可见，有书但不带着孩子一起读，并不算为孩子提供了读书的环境。

　　有的家庭，父母不读书，孩子读书时父母在看电视、打麻将，这样，孩子就容易受到坏影响，坚持不了几天，也就跟父母一起看电视、打麻将了。

　　书籍是人类智慧的结晶。孩子不读书，将来很难成大器。父母要善于利用书籍，将读书作为提升孩子能力的重要途径。父母一定要改变自己浮躁的心态，为孩子提供一个有利的读书环境，让孩子的精神不再贫乏，让他们学会达事理、明善恶、辨美丑，让他们气质出众，让他们富于学养。

引导孩子读有意义的书

想要读书，首先要解决的一个问题就是读什么书。读书一定要读有意义的书，那些没有意义、没有营养的印刷品根本不能被称为书，它们对人的成长和提升不但没有帮助，甚至有着很坏的影响。

现在，市场上的书太多了，孩子面对的选择也特别多。有些书是不适合孩子的，所以在孩子读书前，父母要注意孩子到底在读什么书，不要以为孩子坐在书桌旁翻着一本书就是进步。父母要引导孩子读有意义的书，这样才能达到读书的目的。

有的父母经常带孩子去书店，但是基本上都是孩子喜欢什么便买什么。有的父母说他的孩子也读书，但是问他孩子都读什么书，他却不能准确说出来，回去仔细翻看才知道，都是漫画和言情、玄幻小说之类。读这类书，孩子一般只会沉浸在故事情节中，做一些不切实际的幻想。还有的孩子抱着一堆杂志不放，这些杂志大多以猎奇八卦为内容，就更不是有意义的书了。

有意义的书应该是这三种：工具书、经典著作和对个人未来发展有指导帮助作用的书。

我们家有一个书架是专门放工具书的，有字典、词典、百科全书、年鉴等，既有学术性的，也有生活性的。大多数人并不会去读工具书，只是在需要的时候拿出来查一查。其实，平时读一读工具书也是有很多好处的。比如，学中文的多读成语词典、歇后语手册，学英语的读读牛津词典，都是有帮助的。

读工具书，一方面可以巩固旧知识，学习新知识；另一方面，工具书编纂得十分有逻辑性，内容又是准确而严谨的，有助于培养读者做事严谨的作风。此外，读工具书也是培养毅力的好方法。因此，书房中一定要准备一些工具书，针对孩子的不同情况指导孩子去阅读。

经典著作指的是经过读者甚至经过时代认可的书。经典著作既有科学方面的，也有文学艺术方面的。比如经史子集、中外名著等，这些都是经典文化。北宋赵普"半部《论语》治天下"，东汉关羽总是拿着本《春秋》详读，因为这类书具有极高的价值。曹雪芹的《红楼梦》涉及很多诗词歌赋、文史故事，读者哪怕不专门做研究，也能从中积累到不少知识。

带着思考去读这些经典著作，我们就会学到其中的精华。另外，这些经典著作也有可能影响孩子未来的职业选择。

冰心是我国著名的儿童文学作家之一。她从很小的时候就开始与书打交道，不识字的时候是舅舅给她念书，等识字了，便进行大量的自主阅读。

八岁的时候，冰心就已经读完《水浒传》《西游记》《聊斋志异》《东周列国传》《镜花缘》等书。十岁的时候，她在舅舅的指导下，列出了一些自己计划阅读的书目，包括《诗经》《论语》《唐诗三百首》《左传》《女诫》《饮冰室自由书》等。十一岁的时候，冰心全家回到了福州，祖父的书房成了冰心的乐园，她大部分时间都待在书房里看书。这个时期，冰心开始阅读外国文学名著，比如《茶花女》《红与黑》等。

对文学有着这般浓厚的兴趣，又涉猎了这么多文学名著的冰心，怎能不走上文学道路？

阅读影响人的一生，一个人的阅读生活必将对其人生观的形成产生重要影响。一些名人传记就有这样的作用。多让孩子读一读人物传记，给他们找到精神偶像，对于培养他们的各种优秀品格是非常有帮助的。

父母对待孩子的阅读生活，应当有这样一种觉悟：让孩子从好书中寻求生活的支撑，以此来滋养他们的生命，来抚慰他们的心灵，来帮助其他人，来推动社会的进步。父母一定要好好检查孩子书架上的书是否能起到这样的作用。

教会孩子做读书札记

小时候，因为我读书时手中没有一支笔，被我父亲批评了一顿。他说："手中没有笔怎么能读好书？不随手做笔记只相当于翻书，翻书又能记得多少知识，还不如不读。"我父亲是很严厉的，提醒两次不行，就要上板子打手的。所以，从此以后我总是左手拿书，右手拿笔，渐渐养成了做读书札记的习惯。

钱锺书先生涉猎广泛，文、史、哲无不精通，在阅读方面可谓无人能出其右。除了藏书量令人惊叹外，他的读书笔记也非常引人瞩目，有摘录，有分析，有自己的观点，也会标示出自己的疑问。

毛泽东主席读书也是要做札记的，他会给看过的书加上标签，标签上记录了心得体会。

鲁迅先生提出，读书要"眼到、口到、心到、手到、脑到"。读书一定要动笔，才能协助记忆，帮助消化所读的东西，帮助掌握书中的难点、要点以及精华。读书动笔，既是存储资料、积累素材的要求，也是提高分析能力、扩大知识面的方法。因此，在孩子读书时，一定要让他拿起笔和本子做笔记，先让他有做读书札记的意识，再指导他如何做读书札记。

做读书札记，可以直接在书上做眉批，把书中的重点语句和重要内容用圈、点、线等标记出来，在空白处写上心得体会，或在书中夹纸条做记号，也可以在本子上做摘录、写心得。将书中比较好的语言或重点内容完整地摘录下来，这是积累材料的重要方法。写心得式的读书笔记，应该以自己的语言为主，可以适当地引用原文做例证，表达自己的看法，写出真情实感。这样既锤炼了思想，也锻炼了文笔。

我女儿读完书，除了要做读书札记外，还要回答我四个问题：

这本书最让你得到启发的地方有哪些？

你最想做到的是哪些方面？

要做到这样你该如何去操作？

你打算花多长时间做到这样？

我的大女儿十岁左右看到别的同学在读《林肯传》，便借来读。我现在还记得她读完后是怎么回答我这四个问题的：

最让我受启发的地方是林肯小时候向别人借《华盛顿传》读，不小心把书弄坏了，向别人道歉，然后通过给人家打工来赔偿那本书。

最想做到的是承认错误，承担责任。

我愿意用打工的方式偿还别人。

应该很快就能做到，下次我会更小心。

　　我认为我女儿《林肯传》没有白读，因为她从其中明白了承担责任的意义，学到了承担责任的一种方法。让孩子读人物传记就是让孩子能够从伟人们的生平中得到一些启发，能够学习伟人们做事的习惯及方法。我这个女儿或许无法取得像林肯那样的成就，但是她肯定学到了林肯的责任感。读大学时，她的每一任导师都夸她认真负责、做事严谨，她也因此获得了奖学金。这便是一个佐证。

　　很多孩子读伟人传记都是泛读，了解一下人物的生平逸事便满足了，其实这样是不够的。父母在孩子读完书后，多问孩子几个深刻的、有总结意义的问题，让他回味思考，让他写下来，这才是真正的读书。

　　做读书札记还有一个方法，就是建立个人资料库。我的建议是，如果读一般的报纸期刊，遇到比较有用的东西，可以把那一页剪下来，贴在本子上；如果是很重要的书，就只能将其复印下来，或者把重要的内容抄写下来。把书中的精华存档，就会形成个人的资料库，使用起来很方便，自然会节省很多时间。

　　常年以来，我都是这样做的。因为我给别人做培训的内容很多，需要的资料也很多，每天的行程也很紧张，如果在找资料上浪费太多时间，那我其他方面的准备做得肯定就不那么充分了。

　　我有一个档案柜，里面有各种各样的资料。四十多年来我从事过不同行业的工作，与工作相关的事项我都做了档案。如果哪一天需要某方面的资料，我很快就能查到。

　　将书中的重要内容做成档案，不仅方便查找，也更容易记住。很多员工都不会做档案，因为他们认为这是公司的事情，其实不然，个人也要有个人的责任。

孩子的竞争力怎么提高？就是从培养方方面面的习惯开始的。尽管做读书札记只是一个小习惯，但能帮助孩子身心健康成长，有益于孩子以后的生活和工作。

引导孩子平均地汲取知识

书有两种。

一种是教科书。这种书基本上是在学校读的，离开学校之后，很少有人读教科书，一方面是没有时间，一方面是不大有必要。教科书大多偏理论，我们进入社会以后，它们对我们就不再有太大帮助，但是这并不意味着我们的学就白上了，因为教科书上的知识是我们学习其他有价值的东西的基础。

一种是对我们有帮助的其他的书。学习必须是多元化的。所谓多元化的学习，是指一个人看东西不能只有一个方面的想法。如果你是学建筑的，建筑的美、建筑的环境、建筑的人文背景、建筑地区的历史背景，你都得了解。

这两种书都读，才算平均地汲取知识。那么，平均地汲取知识有什么好处呢？

第一，在工作的时候能够因为富于学养而游刃有余。一个人涉猎的知识范围比较广，对各种知识融会贯通，就能将工作做得更好。学语言的，翻译一本著作，还要兼顾美感和可读性，所以他要兼修文学；做工程制图的，画出来的图不仅要实用也要美观，所以他也应该懂点艺术。

我做管理学方面的演讲，除了要了解管理方面的理论知识，还要有自己的见识经历；除了要有自己的思想，还要有一定的口才，而这些都需要我读书。如果我不读书，不去了解别人写了什么，就会像井底之蛙一样，讲出来的东西别人早已经讲过了，可能会贻笑大方。

第二，能把多元的知识相互转化，这样的人脑子更灵活，有更多的发展机会，有可能发展成精英。要成为精英，就需要不断地读书，不断地充实自己。因为精英要均衡发展，要懂技术，要懂人际，也要懂文史。这样，不管做哪方面的工作，都会做得很好。

那么，父母怎样才能让孩子均衡地汲取知识呢？

第一，不要让孩子偏科。有不少高中学生存在偏科现象，这是有一定原因的，因为这个阶段要进行文理分科，学生对学科有一定的倾向也算正常。但是，如果孩子过早地出现偏科现象，父母就应该加以重视了。父母一定要多关注孩子的弱势学科，帮助孩子、引导孩子提起对弱势学科的兴趣，让他做到文理平衡。

第二，等孩子上高中甚至大学的时候，要提醒他多汲取语言、哲学知识。哲学关系到一个人的思想，语言是交流的工具。此外，进入社会以后，应用科学很重要。贸易、企管、金融等方面的知识，也可以让孩子适当涉猎。

培养孩子对学习的热爱

我小女儿在读小学的时候，有一天跟我说："爸爸，我们班有个同学，数学真棒，每次考试都 100 分呢！"

我问她："你认为是什么原因呢？"

"爸爸，他可能有课外补习。"

我说："是吗？你也补习，可是并没有经常考 100 分呀！"

"爸爸，他可能有一个不错的书房。"

"是吗？我们家不是也有大书房吗？"我停了一下，接着说，"女儿，你讲的都不是主要原因，如果我猜得不错的话，你那个同学对数学一定有一种狂热的兴趣。你可以去观察一下，看看我说得对不对。"

我女儿观察了一个星期，回来跟我说："爸爸，我那个同学连等汽车、看电影的时候都在想数学题呢！"

我说："我猜得没错吧，他对数学有一种近乎狂热的兴趣，这是他数学能够考 100 分的真正原因。至于有没有补习、有没有书房，这些都是次要的。"

在孩子的学习上，也许最重要的那个东西被我们忽略了，那就是热爱。人都是情绪化动物，如果对于一件事物不够热爱，要做到优秀是很难的。

父母常常认为学习是孩子自己的事情，父母能做的很少。真的是这样吗？肯定不是。

教儿童读书识字的最好方法不是在孩子的房间里挂满卡片，而是激发儿童的"学习欲望"，也就是学习动机。在《爱弥儿》中，卢梭指出，一旦孩子有了学习、阅读的欲望，"随你用什么方法去教，都可以把他们教得很好"。

激发孩子学习的兴趣，培养孩子对学习的热爱，父母应该怎么做？

首先，应该对孩子的学习有所关注。父母对孩子的爱一种是物质上的，一种是情感上的。情感上的爱，即精神上的关注。很多父母在孩子读书习惯形成时期没有陪伴在孩子身边，之后却厉声指责："你的习惯怎么这么差！""你怎么这么不听话！""你怎么就不如人家孩子！"有一部分父母大力投入金钱，希望孩子上各种补习班，当补习也无法提高孩子的成绩时，他们就会说："我办法都想尽了，你怎么这么无可救药！"殊不知，孩子"无可救药"，跟父母没有给予应有的关注有直接的因果关系。

其次，要对孩子感兴趣的事情表示理解和支持，并尽可能参与到孩子的兴趣中。经常带孩子去图书馆、博物馆、科技馆、动物园、少年宫这样的地方，对于刺激孩子的好奇心和求知欲很有帮助。

孩子是在一次次打击下丧失兴趣和信心的，他们一旦灰心失望，就很难再提起兴趣了。如果几何图总是看不明白，一元二次方程总也解不开，慢慢地孩子就会对数学失去兴趣。父母要多让孩子尝到成功的滋味，在具体的生活中培养孩子的数学思维，这样孩子对数学的热情才会逐渐恢复。

我大女儿在上初中的时候，数学很不好，尤其是正弦、余弦、正切、余切函数，总是出错。那段时间她几乎将数学撇在一旁。

我太太虽然能够辅导她一些功课，但是成效总不大。有一天，我们一家开车去郊游，看见远处有一座塔，我对大女儿说："我知道那塔有多高。"

"爸爸你要上去量一下吗？"女儿取笑我。

"用三角函数就可以解出来。"

"又是三角函数，我头都大了。"女儿苦恼地说。

"今天就让你见识一下三角函数的厉害。"

后来，我带着女儿回家取了一个量角器，回到我们郊游的地点，测量了一下角度，又开车带着她从测量点直线开到塔底，车上的行程表就显示了两地的距离。之后，我给她画了一张图，利用正弦函数将塔高解了出来，又在这张图上，给她标示了余弦、正切、余切。

女儿一路上和我玩得很高兴，也慢慢学会了用三角函数解题。从此以后，她觉得数学似乎也不那么可怕了，主动从数学课本的第一页开始，努力补上了自己落下的数学知识。

最后，不要总拿自己孩子与别人做比较，尤其是不要为了所谓的激励孩子，总拿孩子跟成绩好、表现好的孩子做比较。因为这样的比较既伤害了孩子的自尊心，也容易让孩子产生逆反心理，可能会导致孩子故意不学习，慢慢就真的失去了兴趣和热情。

激发孩子的学习动机，充分调动孩子的学习积极性，让孩子从被动学习变为主动学习，从"要我学"变成"我要学"，这才能从根源上解决孩子的学习兴趣问题。

注意力集中的孩子学习更好

我太太教书三十多年，教过的学生有上千人，其中有个学生她一直记得非常清楚，总跟我说起他。

这个男生叫小叶，当时读初中。小叶成绩很好，尤其是物理和数学。有一次，我太太晚上九点半给小叶打电话，他妈妈说儿子已经睡觉了。我太太觉得有些不可思议，因为学习好的学生一般晚上都会学习到十点以后。小叶的妈妈说，他从来不会熬夜学习，一般晚上九点半就睡觉，那天睡得更早些。

从那天起，我太太就格外留意小叶，看他的成绩为什么这么好。我太太很快便发现，小叶在课上总是聚精会神地听老师讲课。这个地方为什么要除以 2？这条连接线怎么来的？这个地方不可以多加一个电阻吗？上课的时候，小叶总是有很多问题。

我太太到小叶家做家访的时候，小叶妈妈告诉她，小叶做功课的时候从来不看电视，也不吃水果。有时候，题目比较难，到了吃饭的时间还没有做出来，他也不吃饭，他说不喜欢自己的思路被打断。

原来，小叶成绩好的秘诀就是专心。专心让他的效率更高、听课的效果更好，所以就不用浪费时间做无用功，别人完成作业用三小时，而他用一小时就够了。

小叶初中二年级便参加了升高中的考试，考上了台湾名校高雄中学，高中二年级又参加了联考，考到了台湾最难考的台湾大学物理系，大三后就直升台湾物理研究所，然后进入美国麻省理工学院。

其实，小叶玩的时间并不比别人少，他会打网球，也打电动游戏，还读小说……他能每个学习阶段都跳读一个年级，最终进入美国麻省理工学院，就在于他学习的时候注意力非常集中、非常专心。

要学就要学得踏实，要玩就要玩得痛快；吃饭就是吃饭，读书就是读书，游戏就是游戏，睡觉就是睡觉，专心做一件事，一心不要二用，专心的效果是不专心的三倍。

孩子在做功课的时候，爸爸在一旁看电视，妈妈一会儿端进去一盘水果，孩子一会儿瞄两眼电视，一会儿吃块水果，一会儿又去冰箱拿根冰棒，作业肯定做得马马虎虎，而且一被打断，肯定忘了前面自己看了什么，不得不重新翻一翻。

如果小时候就一边学习一边玩，长大了可能会一边工作一边玩、一边吃东西一边查资料、一边聊天一边写文章，可能写出来的报告牛头不对马嘴、做出来的财务数据都是错的……这样的员工怎么能晋升？

孩子年龄小，自制力有些差，注意力难以集中是正常的，父母只能想办法让孩子慢慢专心起来。

首先，父母要监督孩子。孩子三心二意的时候要指出来，对于一边吃东西一边做事情这样的坏习惯，一定要让他们改正过来。

其次，引导孩子充分调动各种感官，使孩子在做一件事的时候动脑、动手、动耳、动眼，以集中注意力。比如，老师上课的时候，脑子要跟着老师一起思考，同时不忘做笔记，这样既不容易走神，也没有机会走神。再如，背英文课文的时候，念一遍，背一遍，写一遍，效果肯定比就用眼睛盯着看好得多。

孩子无法集中注意力，还有一个原因是家庭环境太嘈杂，父母的行动造成了孩子的困扰。比如：孩子在学习，妈妈在看韩剧；孩子要读英文，爸爸在打游戏；孩子要复习功课，爸爸妈妈要睡觉了。这样的话，孩子肯定无法专心，他会跟着妈妈看电视，看爸爸打游戏，然后一看爸爸妈妈睡了，自己便也睡觉去了。所以，在孩子做一件事情的时候，父母要给孩子一个安静的环境，最好是与孩子一起做，好好带动孩子。

一般来说，我们在一件事情的开始以及结束的时候做事的效率是最高的，中间则会出现效率低下、注意力不集中的现象，心理学上将这种现象称为"中间松懈"。孩子目标不明确，自制力差，又有畏难情绪，所以经常会出现这种松懈情况。注意力一丧失，做事时往往就会虎头蛇尾甚至半途而废。为了避免这种情况的发生，在做事情的过程中不妨让孩子设立"中间站"，以保证效率。

怎么设立"中间站"呢？就是把一个大的学习任务分割成许多个小的学习任务。就像跑马拉松的人，如果一上来就盯着终点，那等跑到中途的时候，很容易因为疲惫而丧失斗志。如果把全程分为若干段，给每一段的终点找一个地标，这样，比赛开始后，先以第一个地标为终点，全力以赴，等很快到达第一个地标，又重整旗鼓，冲向第二个地标。把几十公里的赛程分解成若干小目标，每个小目标完成起来都比跑完全程轻松，而且每完成一个目标，就能增加一分斗志，让自己有激情投入下一段奔跑。这样就稳定了自己的情绪，保持了斗志，注意力也就集中了。

在孩子学习的时候，帮助他把大块的学习任务分解。比如要背一整篇课文，孩子一看课文这么长，就会觉得太难了，还没开始背，心里就有了压力。这时，我们把课文分成一段一段的，每个自然段就是一个小目标。背诵一段，对孩子而言就容易得多了。每背完一段，他就会多一分成就感，也会更有兴趣和信心去背下一段。这样一个目标一个目标地完成，他的注意力就始终集中在背诵上了。

前面讲的都是帮助孩子集中注意力的一些方法。其实，注意力也是可以训练的，最简单的就是"凝视法"。一些球类运动，比如羽毛球、乒乓球等都能很好地帮助孩子培养注意力，因为玩这些球类运动时，注意力必须高度集中，眼睛随着这些小球运动，否则，就会把球跟丢了。

第五章

动手力：
做事的经验为孩子赢得更多机会

作为父母，我们要有勇气和孩子一起承担他们动手能力不强产生的后果。因为他们是在学习，我们不要害怕他们做错事情，要允许他们犯错，给他们学习的机会，让他们积累经验。容忍孩子犯错，是父母应该支付的成本。如果父母不负担这个成本，孩子怎么可能成长？

"从做中学"是执行力的最佳培养方式

小时候，妈妈带我去买鱼，她指着鱼鳃说："你看，以后长大了买鱼，要注意鳃红不红，如果不红就是不新鲜的。"我就这样学会了如何选鱼。

我一个朋友的儿子要申请读哈佛大学，请我帮忙写一份推荐函，并且让我指导一下。我看了一下他儿子准备的资料，认为想要申请成功会有些难度。尽管他儿子的成绩很好，托福也合格了，但是在社会服务这一项上有很大的欠缺。

其实，他儿子的这种情况，在我国是很普遍的，很多学生，学习成绩响当当，但是要想读外国名校还是有一定难度的，因为他们大多都卡在了课外活动经历这一项上。

课外活动包括体育、公共服务、艺术才艺等方面。国外很多大学都很重视学生在这一项的成绩，比如，如果申请者的这一项没有记录，哈佛大学是不会录取他的。哈佛大学认为：一个高中生在读书的时候，对他人对社会没有贡献和帮助，这个人将来一定难以成才。从来没有做过这些事情，如何研究体育？如何研究公共服务？如何研究艺术？

我们的教育倡导"从做中学"，"做"不仅可以提高实践能力，还能锻炼头脑，培养品格。

"从做中学"也是现代教育应该遵循的原则，因为它将家庭与社会、学校与社会联系起来，这样既可以让孩子学到理论知识，又能培养孩子的观察能力、做事的兴趣，锻炼他做事的能力，为他以后的学习提供直接的实践经验。这样的教育才是社会所需要的教育，这样的孩子也才能更好地适应社会的发展。

此外，"从做中学"有利于孩子的整体发展。在身体层面，"从做中学"强调了动手能力，让孩子的身体协调性得到了发展；在智力和思想层面，"从做中学"强调手脑并用，让孩子的创造能力获得极大发展；在心理层面，"从做中学"有助于增强孩子的自制力和自信心；在道德层面，孩子通过不同的社会服务活动，了解了各种社会规则，培养了有爱心、讲诚信等各种品质。

孩子通过"做"，既学会了如何做，也增强了自信，培养了社会精神，将来面对新环境时就会更有行动力、更勇敢、更镇定。纸上谈兵、夸夸其谈，这种没有行动力和执行力的人，不仅没有前途，而且会遭人鄙视和耻笑。

那么，孩子们要"做"的包括哪些内容呢？

第一，手工训练。帮忙做家务、做手工玩具、整理房间，都属于这一类。爸爸带着孩子去钓鱼，也给孩子准备一套渔具，让孩子跟自己一起钓，而不是让孩子在岸边埋怨爸爸："这么半天怎么还没有钓上来？""钓上来的这么小。""鱼又跑了。"

第二，艺术活动。比如唱歌、跳舞、画画、泥塑等，这些艺术活动对于锻炼右脑思维是非常有帮助的。

第三，学科研究。我在女儿们十岁的时候，送给她们的礼物是借书卡，她们可以到台湾各大图书馆借自己想看的图书。我经常给她们留一些作业，这些作业肯定不是把某单元的英文单词抄写十遍，也不是背诵鸦片战争的意义，我会让她们就自己所知道的一种台湾小吃说说台湾的文化。她们自己学习寻找资料，最后也能写出几千字的小论文。

孩子要"做"的事情是随着他年龄的增长不断深化的。最初是基本需要阶段，比如穿衣、吃饭这些事；然后是清洁卫生、整理收纳等活动；接下来是生活类技能，比如烹饪、缝纫、园艺等。

父母不应该总是抱着"孩子长大了便什么都会"的想法，父母的爱护关心也绝不是包办孩子的一切事情。所以，家教应该让孩子"从做中学"。

养成做家务的传统

我妹妹前些年一直在美国生活，总是自己做所有的家务，修天花板、到房子上修瓦、种树、修草坪，连孩子的生日蛋糕都是自己烘焙的。她说美国的人工费太贵了，这些小事如果请工人来做，需要花费一大笔钱。

后来，妹妹带着孩子回到中国台湾生活。那时妹妹算是比较有钱了，但是所有的家务她还是自己做。别人问她："台湾的人工费不算太贵，你为什么不请个保姆，何必自己做得那么辛苦？"

妹妹笑着说："我现在有些钱，能够请到保姆，但是事情都让保姆做了，儿子就没事做了。倘若以后他没有钱，又不会做这些事，他岂不是没法生活了？我做家务，儿子也会跟着我做，这样很好。"

听妹妹这样说，我并不觉得惊讶，让孩子做家务可以说是我们家的传统。

让孩子养成做家务的习惯是非常重要的。但是，有的父母溺爱孩子，不忍心让孩子做事；有的父母则是不仔细教导孩子。孩子一开始做家务是很容易出错的，这时候父母对待孩子的态度直接影响孩子能否坚持下去。孩子打破一个碗、炒坏一个菜，父母就狠狠批评，打骂后便不让孩子做了；父母总是以"看着就来气"为借口，不给孩子做事的机会，这会导致孩子缺乏反复练习的机会，技能自然得不到提高。

因此，父母首先应该端正认识，转变教育思想。让孩子做点家务事并不是折磨孩子，而是为了让孩子将来生活得更好。

第一，做家务可以帮助孩子提高生活自理能力。孩子的学习固然重要，但是如果孩子连自己都照顾不好，又怎么照顾好自己的学习？而且，生活自理能力强的孩子，会形成良好的生活习惯，这对于孩子学习以及成长都有帮助。

第二，做家务可以锻炼孩子的动手能力、动脑能力和统筹规划能力。家务不仅是一项体力劳动，也是一项脑力劳动，看似简单的家务中其实蕴含着大学问。不是拎起扫把、拿起拖布就能把家务做好的，先干什么，后干什么，怎样做最省时间、最省力气，都是需要动脑筋的。做好家务是统筹方法的最好应用之一。此外，让已经上学的孩子在恰当的时间做一些家务，不失为一种放松和缓解压力的好方法。

第三，有些家务可以检验学习知识，给孩子一个实践的机会。比如家里面的电器有了小故障，可以叫孩子来修理一下。我在小学五年级时便学会了换保险丝，当然是我父亲教我的。当时我很害怕，但是父亲跟我说他已经做好了安全措施，没什么可怕的。后来换了几次，我就不害怕了。我修过收音机，修过电饭锅，虽然我没有系统地学过电器维修，但是很多电器方面的小问题我都能解决，这得益于父亲的教导。

有的孩子初中学了三年物理，分析电路图都有上百张了，但是家里的灯泡坏了，连拧下来看看的胆量都没有，学的知识都是白学的。

当然，如果是让小学生学做这些事，家长一定要做好安全措施，并在一旁协助，要注意安全第一。

生活处处都是学问，让孩子适当做些家务就是在实践这些学问，这比一动不动地抱着书本啃知识有用多了。

鼓励孩子有想法就去实施

敢于冒险的人在一定程度上来说是敢于实践、勇于行动的人。有了想法就赶紧去实施，才有可能获得成功。

1973 年，英国青年科莱特考入了美国哈佛大学，一位十八岁的美国小伙子常和他坐在一起听课。

大学二年级那年，小伙子和科莱特商议，一起创业，去开发 32Bit 财务软件。当时，科莱特对于这个建议感到非常惊诧，Bit 系统他们才学了点皮毛，要开发 Bit 财务软件，不学完大学的全部课程怎么能行呢？他委婉地拒绝了那位小伙子的邀请。

十年后，科莱特成为哈佛大学计算机系 Bit 方面的博士研究生，而那位小伙子进入美国《福布斯》杂志亿万富豪排行榜。

又过了近十年，科莱特继续博士后的学习，而那位美国小伙子的个人资产达到 65 亿美元，成为美国第二富豪。

1995 年，科莱特认为自己已具备了足够的学识，可以研究和开发 32 Bit 财务软件了，而那位曾经的小伙子已绕过 Bit 系统，开发出了 Eip 财务软件，它比 Bit 软件快 1500 倍，并且很快占领了主流市场，而这一年，他成了世界首富，他叫比尔·盖茨。

比尔·盖茨的故事大家都再熟悉不过。比尔·盖茨一有想法便马上行动起来，从而创造了奇迹。与比尔·盖茨相比，科莱特有些悲剧意味。可见，行动力不强的人可能会落后别人一步。

公司里资历很老的人往往有两种结局：一种是职位越来越高，从小职员一步步到经理、董事；一种是永远没有晋升机会，一辈子是小职员，新同事一批一批地进来，他永远是资历最老的小职员。仔细观察后一类人，不难发现，他们通常是不积极的人、行动力弱的人。别人在技术上有了新想法，马上请示领导并做出一个完美的设计，而他们有了新的想法却不会去做，甚至连新想法都没有，所以没什么成绩，晋升自然轮不到他们。

因此，资历老、能力强不足以说明我们有很强的竞争力，我们必须有足够的行动力才能前途光明。HR 在聘用重要职位的人才时，都会先考虑一些问题，然后才决定是否聘用，这些问题有"他愿不愿意做""他会不会坚持把事情做完""他能不能独当一面，自己设法解决困难""他是不是有始无终，只说不做的那一种人"。考虑这些问题都有一个共同的目的，就是设法了解应聘者是不是能做到"马上行动"。

在平时生活中，父母应该多问问孩子这些问题，这样孩子就不会在思想上是"巨人"，在行动上是"矮子"了。

管理学上有这样一个经典的案例：

一个六岁的小男孩在外面玩耍时，突然有个鸟巢掉在他面前，从鸟巢中滚出来一只小鸟。这个小男孩很喜欢这只小鸟，决定养它。于是，他将鸟巢和鸟一起带回家。刚到家门口，妈妈就发现了他手中的鸟巢和小鸟，不允许他在家里面养小动物。小男孩将鸟巢和小鸟放在门口，进屋去央求妈妈。在小男孩的央求下，妈妈终于同意了。小男孩兴高采烈地跑到门口去接小鸟，但是小鸟不见了，一只大花猫在旁边抹嘴巴。小男孩知道小鸟被大花猫吃了，他责怪大花猫、责怪妈妈，并伤心地哭了，可于事无补。后来，他明白了一个道理：只要自己认为对的事情，不可优柔寡断，必须马上付诸行动。

　　这个小男孩就是华裔电脑名人王安博士，他说六岁这年发生的这件事影响了他的一生，倘若他当时能够马上做出行动，小鸟就不会被吃了。他从这件事上得到了一个很大的教训：只要有了想法，就应该先去实施。

　　我们可以把这只小鸟看作我们的机遇，如果我们马上付诸行动，也许就抓住了这个机遇。所以，培养孩子的执行力，就要鼓励孩子勇于尝试，父母要尽可能地支持孩子的想法。

　　父母的支持应该包括各种帮助。父母要尽可能提供物质帮助，让孩子将想法实施得更好。比如孩子要重新布置自己的房间，父母可以为孩子提供一些粉刷工具，给予一定的指导。父母还要提供精神帮助，鼓励孩子坚持下去，在孩子失败后要抚慰孩子，这样孩子才会越挫越勇。

　　想法就像光线，我们很难看得出它的模样，等待太长时间它就会消失于无形，而行动就像棱镜片，能将想法折射成光波，不仅清晰而且美丽。父母在为孩子支起行动这枚棱镜片的时候，扶持一下，会让它更稳、更坚固。

当然，父母鼓励孩子有想法就去实施，首先要了解孩子的想法，不能全盘否定，如果粗暴地认为孩子的想法幼稚，就会打击孩子的积极性。

比尔·盖茨的父母早就为儿子做好了规划：进入哈佛大学法学部。当儿子被哈佛大学录取的时候，他们觉得自己的梦想实现了。但是，儿子做出退学创业的决定时，他们尽管有些担心，还是表示了支持。如果儿子成功了，便皆大欢喜；如果不成功，也是一种实践经历。因为国情不同，中国的父母可能没法做到如此，但我们也可以尝试多给孩子一些鼓励、一些支持，帮助孩子把自己的想法付诸实践。

不轻易帮助孩子，不让他"不劳而获"

有一天早上，我的秘书刚来上班，就向我请假。我询问什么事情，她无奈地说："儿子的一本作业忘在家中了，等着用，让我送过去。以前都是爷爷奶奶给他送，这几天两位老人旅游去了，所以只能让我送了。"

我听了之后，对秘书说："我建议你不要给孩子送去。"

我当然不是想要为难秘书而不批准她的请假，只是对孩子忘记东西后让父母送这件事有着自己的看法。

我小女儿小的时候，我也给她送过东西到学校，但是只有两次。我对她的教育是犯错只有两次机会。第一次是不知道，第二次是不小心，第三次就是故意了，所以只送两次。

当她第三次打电话求救时，我拒绝了。女儿哀求："爸爸，这东西非常重要，一定要送，不然老师会让我罚站的。"

我回答说："放心，罚站一会儿没有关系。"

她只好将电话挂掉。

放学回来，她伸出手说："爸，我被罚站了一节课。"

从那天之后，她就不一样了，睡觉前会把书包、画板等第二天要用的东西全都收拾好，她知道再也不能犯同样的错误了。

秘书的儿子已经多次忘记带东西了，他已经形成了习惯，有恃无恐，反正东西忘拿了家里人会给他送。可以说，爷爷、奶奶、爸爸、妈妈的帮助，反而助长了孩子这个坏习惯的养成。因此，如果父母的帮助让孩子"不劳而获"，这种帮助就是不对的。我的秘书听完我的解释后，认同了我的看法，准备回去好好给孩子上一堂课。

有人说"妈妈"这个词是世界上最神奇的呼唤，妈妈是随时待命的，妈妈是全能的。只要孩子一呼唤，妈妈就赶紧来替他做事情；只要孩子一呼喊，妈妈就来替他收拾烂摊子。"慈母多败儿"，孩子长大了没有出息、不长进甚至犯罪，与过度宠爱的家教是有很大关系的。父母总是什么都替孩子想好、准备好，孩子什么都不用想、不用做。父母以为这是爱孩子，殊不知反而是害了孩子。孩子从小就不用承担责任，怎么能成为一个有担当的人呢？不要轻易帮助孩子，不要让他"不劳而获"，孩子自己动手才能积累经验，才能成长，心智才能发育得更好。

不轻易帮助孩子是符合自然教育的家教方法。自然教育理念是美国的斯特娜夫人提出的。

有一次，斯特娜夫人带着女儿乘船旅行。在船上，她们看到了这样一家子：一对中年夫妇带着一个十岁左右的男孩和一个十八岁左右腿部有残疾的女孩。这一家子每个人都背着一个旅行包，那个女孩的旅行包更大一些，因为腿不好，她走起路来显得很吃力，而中年夫妇在前面有说有笑，仿佛根本不知道女儿正在经历苦难。

斯特娜感觉这对父母太过分了，竟然让身体有残疾的女儿承担这么大的痛苦。这时，斯特娜的女儿对她说："妈妈，我们过去帮帮那位可怜的姐姐吧。"

斯特娜夫人当时已经准备冲上去了，但是当走近那一家人后，斯特娜看到了那位女孩自信的眼神。斯特娜突然明白了，女孩根本不需要别人的帮忙，她认为自己能做好。她不但能处理好自己的事，还可以照顾弟弟，整条船上最快乐的就是她了！

后来，当斯特娜和女孩的母亲闲谈时，这位母亲说："从她四岁患上小儿麻痹后，我们全家一直很痛苦。她十二岁以前，我们一直什么都不让她做，却发现她什么都不能做了，而且极端自怜。有人劝告我们说，把她当作正常人，她才能过正常人的生活。我们这样做了。从那以后，她开始做力所能及的事情，再后来我们让她按一个姐姐的标准来要求自己，她也做到了。从此，她改变了！"

这位母亲饱含眼泪，斯特娜知道她对女儿的爱一点都不少。

父母如果什么都替孩子做了，却培养了孩子懦弱的性格，这才是最失败的事情。父母的帮助，只是满足了自己去爱的需求，却夺去了孩子的价值感和自信的权利，这是一件多么可怕的事情！

不轻易帮助孩子，父母应该怎样做？

首先，不要在生活起居方面代劳。告诉孩子，要想吃上可口的饭菜，要想穿上干净的衣服，要想有一个整洁的房间，是需要自己付出努力的。尽可能地让孩子做一些家务，比如择菜、洗衣服、收拾房间等，这些都是孩子应该做的。不要以孩子年龄小做不好为借口，想一想我们自己是什么时候开始做这些事情的，就会知道这些事孩子是完全能做到的。更不要以孩子学业重、没时间为借口，做家务也是一种学习，甚至比学习更为重要，更何况做家务根本不会耽误孩子的学习。

其次，不要轻易帮助孩子解决困难。一家人在饭店吃饭，儿子和女儿为了争桌子上的小番茄而碰倒了饮料，果汁洒了一桌子，也洒到了儿子身上，女儿趁机把小番茄抢到了手。这时，父母的反应肯定是去收拾桌子，通常会一边骂孩子一边收拾。其实，这时父母真正应该做的是停下来看看女儿、儿子的神情：他们正理所当然地看着你收拾，他们认为一切正常，他们只关心自己是否得到小番茄，根本不去想要收拾残局。孩子为什么会是这样的表现？因为他们已经习惯于父母替自己收拾了。

当我们习惯了帮助孩子做事情和解决困难的时候，孩子就会觉得这些帮助是理所当然的，并不愿意为发生的事情承担责任。事实上，孩子做错一件事、遇到困难时，正是培养孩子为事情负责的最好机会。所以，父母不要轻易帮助孩子解决困难、收拾残局，而要引导孩子自己去应对。

多动手，克服畏难情绪

美国的第一位华裔内阁成员是位女性，叫赵小兰。小时候她随父母移居美国；2001 年，48 岁时，担任美国劳工部部长；2017 年，担任美国交通部部长。

赵小兰姐妹六人，有四人是哈佛大学毕业生，一人是威廉玛丽学院的硕士，一人是哥伦比亚大学的博士。这一家人在美国华裔圈非常有名，姐妹六人在商界、政界都有自己的建树。如果没有成功的家庭教育，肯定做不到一家人都这样优秀。

"爱而不娇，严而不缚"，是父母教育赵小兰姐妹六人的方法。赵家经常来客人，在家负责招待客人的是女儿们，她们要奉茶、要上菜、要斟酒。赵家是有管家的，但是这些事都不是管家来做。赵小兰的母亲说："管家是请来帮助父母的，年轻人理所应当要自己管自己的事情，不能太早就由人伺候，否则很难学会独立。"

最苛刻的媒体这样说过："赵小兰那种不亢不卑、带有适度的矜持与华裔尊荣的气质，来自她那特殊的家庭教育。"赵小兰自己也表示是父母的教诲给了自己成功的可能，她说："我非常幸运，而且当我长大成人时，我的父母一直鼓励我去进行真正的探索，去开拓我的视野。所以这是我冒险的起点，我想去尝试不同的事情。"

当一个人对所要做的事表现出懒惰、被动，心里感觉很疲劳时，就是产生了畏难情绪。孩子很容易就会表现出畏难情绪，是因为他不愿意做某件事情，没有主动性，或者做事情没有信心，对自己做的事情持怀疑态度，对父母要求做的事情和自己应该做的事情打怵，能躲就躲，能拖就拖，没有信心做好。这样，孩子不断地逃避，不仅养成了懒惰的坏习惯，也会变得自信心不足。

克服主观上的畏难情绪，要有坚定的决心、果敢的行为，投身实践，多到困难多、矛盾突出的地方经受锻炼，通过一个个问题的解决来积累经验，在实践中不断锤炼自己、完善自己、提高自己。

行动是完成工作的必要条件，行动是实现目标的先决条件，行动会拉近梦想与现实的距离。我们有明确、高远的目标，又有火热的、坚不可摧的决心，就必须做出坚决有力的行动。这样才能变"不可能"为"可能"，才能自救。

让孩子在小时候苦一些，多让孩子动手，培养其行动力，长大后遇到困难需要做出抉择的时候，他们就不会有畏难情绪，想到的会是如何解决问题，而不是抱怨、哀叹、退缩。

爱孩子就给他自己动手的机会

孩子都是在学习中长大的，对于这一点，父母一定要有深刻的认识。

现在，很多小孩只要一踫到不如自己心意的事，就躺在地上哭着不起来。这种情况多半是父母平时帮得多了，当孩子想自己动手完成一件事情，可是反复多次做不到的时候，便急得哭闹。

家长不应该总是把孩子护在身后，而要放手让孩子做他们力所能及的事，以锻炼他们的能力。

有一次，我们家换壁纸，我太太把卖壁纸的商家请到家里来给我们看样本，顺便把两个女儿叫了过去，说："老大、老二，你们房间的壁纸可以自己选，我跟你爸爸只决定客厅和我们主卧室的壁纸。"女儿们很兴奋地挑了壁纸，后来，按照她们所挑的花样，把她们两个人的房间装饰好了。

过了一两个月，大女儿过来跟我聊天："爸，有件事情，我想跟你研究研究。"我问："想换壁纸了是不是？"她笑了起来，说：

"爸，你怎么知道？""我看你的眼睛就知道了。"

我和她妈妈挑的壁纸是淡紫色的底、白色的小花，看起来很朴素、雅致，非常漂亮，而她们挑的壁纸很花哨，根本就不适合休息所用的卧室。

不过，我当时没有说话，我想给她们一个机会学习学习。通过比较，她们就知道什么是合适的、什么是不合适的了。尽管多花了些钱，但我认为是值得的。因为这不是钱的问题，主要在于我给了她们一个学习的机会，一个让她们积累经验、锻炼眼力的机会。

父母不要害怕孩子什么都不懂，也不要害怕孩子做错事情，正因为他们是孩子，因为他们需要学习，所以父母才要放手让他们去做。父母不能总是囿于自己的生活体验而剥夺孩子的动手机会。比如，孩子刚学会抓握的时候，因为担心打破碗，父母便从他手中抢过碗，其实，父母抢走的是孩子主动的生活体验。

孩子喜欢玩碗筷和勺子，为什么不给他玩呢？孩子玩勺子，可以强化手的精细协调动作，健脑益智，是非常好的早教手段。一岁多的孩子爱玩，有好奇心，有错吗？

孩子主动走进厨房，他要削土豆、炒青菜，为什么不让他去尝试呢？让孩子多获得一些做事的经验，其实是为孩子的未来加码。

作为父母，我们要有勇气和孩子一起承担他们笨拙的动手能力产生的后果。因为他们是在学习，我们不要害怕他们做错事情，要允许他们犯错，给他们学习的机会，让他们积累经验。容忍孩子犯错，是父母应该支付的成本，如果父母不负担这个成本，孩子怎么可能成长？

协调力：
平衡健全的个性为孩子的未来加分

●●●

　　潘光旦曾经对现代教育发起批判：教育没有使受教育者成为一个完整的"人"，却变成了"零碎的人、畸形的人、不健全的人、缺少修养的人"；"不重视人的个性特点和人的潜能存在"，相反，扼杀了他们的个性和潜能；"由于个人缺乏活力，个人潜能不能变为动能，自然整个社会也就没有活力，没有动力"。

　　有人在思想上往往有着很极端的倾向，非黑即白，不太善于掌握一个度。在很多父母看来，对孩子的掌控是对的，信任就意味着全面放手，最后的结果即失控。其实，我们可以在家庭中让信任和监管达到平衡。

父母刚柔并济，孩子性格不易偏激

有这样一起刑事案件：一个年轻人刚刚二十岁，是一家小公司的搬运工。一天早上六点多，公司里来了一批货物，老板叫这个年轻人搬运货物。他很愤怒，想着老板这么早就让人干活儿。这时，老板的儿媳妇要先点货，她让这个年轻人帮忙哄一下不停哭闹的小孩。年轻人不愿意管，老板的儿媳妇就说："叫你哄就哄，你就是个打工的。"年轻人一听，怒不可遏，打死了老板的儿媳妇和孙子。

听到这件事，我心中有些悲愤。二十岁，他的性格怎么会如此偏激？是什么导致他形成这样的性格？

我当时就想，这多半与他的家庭有关。果不其然，这个年轻人的父母在他很小的时候就离异了，之后他一直遭受后母的虐待，父亲在对他的教育方面也是非常失责的，由此形成了他偏激的性格。

不管是在工作中还是生活中，平和的心态、沉稳的性格都应该是我们追求的。总是无法理解别人的话，总是误解别人的行为，总是反对别人的意见，总是大发雷霆，这样的人不仅无法与亲戚朋友处理好关系，也无法和上司沟通、与同事相处。邻居说了一句他不爱听的话，他就要跟人打起来；老板没有给他加薪，他便和老板吵起来；客户联系了别的同事，他便和同事老死不相往来……这样为人处世，不仅做不成事业，早晚也会惹出事来。

家教对性格的养成有非常大的影响。人的性格不是长大之后才形成的，这种偏激肯定在小时候就有一定的苗头了。比如，有的小孩特别喜欢与人争论，即使自己错了也硬是不承认；有的小孩平时看问题很片面，以偏概全，脑筋从不转弯；有的小孩在父母纠正他错误的行为时会对抗；等等。如果我们的孩子有类似的行为，那就应该注意了。

父母一定要认真谨慎地教育孩子，不能让孩子形成偏激的性格，否则，孩子很可能因为一点小事就与别人发生冲突，做出一些危害自己、危害他人并遗憾终生的行为。父母在孩子小的时候辛苦一点、用心一点，才能让孩子的心智健康，才能让孩子的身心平衡发展。

为了避免孩子形成偏激的性格，父母要承担起自己的责任。为了养成孩子平和的性格，父母一定要刚柔并济。孩子辨别是非的能力还不是很强，遇到自己无法理解或与自己的想法相左的事情时，是很容易不能接受事情的结果而出现偏激行为的，如果这时父母过于粗暴，就会激起孩子更强的反抗。当然，父母过于软弱也是不行的，否则时间长了，孩子就会变得任性、为所欲为。

有人说中国父母的家教分工一直是"严父慈母"，这样是否就做到了父母刚柔并济？其实，我对"严父慈母"这种角色定位是持保留意见的。我认为，只有父母都做到既严格又慈祥，才是真正的刚柔并济，才能更好地教育孩子。

我和我太太都是既有严厉的一面又有慈祥的一面。女儿犯了错，绝不是我在教训她们、我太太在一边帮腔求情，记得小女儿还说过"妈妈严厉起来一点都不输爸爸"。"严父慈母"很容易导致标准不同，让孩子更容易找到靠山，教育也就没有了效果。

不管是父亲还是母亲，在孩子犯了错的时候都要首先指出孩子的错误，让孩子做出反思，再对孩子提出希望。前面是让他得到教训，中间是让他思考，最后是抚慰他。这样，孩子才能认识到错误并努力改正，而且会体会父母的用心，保证下次不会让父母失望。

而对于那些已经有某些偏激行为的孩子，父母就要做出更多的努力了。如果不制止孩子的偏激行为，就会将孩子养成"小霸王"。不过，父母同时应该给孩子一些心理上的缓冲时间，不要在他情绪激动时马上批评和建议。

我小女儿在五六岁的时候，有一段时间，非常喜欢吃甜的东西。我告诉她晚饭后不可以吃太甜的东西，因为热量很高，对牙齿也不好。她虽然把甜点放到了一旁，但口中还是念念有词："把它弄到地上踩烂。"

趁我们不注意的时候，她真的会将甜点踩烂。我就说："不可以吃，也不可以将它踩烂。"

在我这么说时，她不看我和太太，而是使劲儿地捏，将甜点捏成一团。

看到女儿这样的表现，我知道自己要谨慎对待她了。我拉过她的手，将她手中的甜点扔进垃圾桶，然后带着她去洗手，暂且放下这件事。

过了几天，我带着她去看牙科医生。她看到了自己有很多龋齿，医生也跟她讲了很多保健牙齿方面的知识。她当时应该是受到了震撼，"甜点事件"于是很快过去了。

当时，如果我一个劲儿批评女儿，肯定会适得其反，她不仅会恨我，甚至可能出现更偏激的行为。所以，我选择先给女儿一个心理缓冲，再想办法解决。

可见，父母在对待孩子偶尔的偏激行为时，不要与孩子硬碰硬，也不要过于紧张，而是先要淡化这件事。孩子的偏激言行通常表达了他们的不满，父母要具体分析孩子不满的是什么，只有找到根源才能对症下药。

纠正孩子偏激的言行，一定要经常让孩子参加社交活动，让孩子多融入集体。在集体中，他们更容易学会关心照顾别人，更容易学会正确的说话、做事方式，一些偏激行为就会得到纠正，性格才能被磨炼得更为平和与沉稳。

协调好学习和生活，孩子身心才健康

多年以前，我太太在网上看到这样一则新闻：一个名牌大学的学生因为买错车票而流落街头，最后沦为乞丐。我太太是教师，当时她很错愕：一个大学生缺乏常识到这种地步，竟然会发生这种事。她说："这是学校和老师们的失责。这就是高分低能。"

我对太太说："这不仅是老师的责任，也是家庭的责任。常识性的东西、生活方面的东西，应该主要由家庭来教导。"

孩子高分低能是很多人都关注的问题。对于这个问题，很多人都将矛头指向学校。由于孩子进入社会没有竞争力，只有高学历，却不会说话，不会办事，不会和客户、老板打交道，只知道加班，不懂生活，父母因此归咎于学校、老师的教育失败。

仔细想想，究竟是谁最先让孩子的学习和生活失衡的呢？始作俑者是其父母本身。

父母心中的"望子成龙"便是片面的。"望子成龙"被简单地理解为孩子在中考的时候考个高分进入重点高中、读高中的时候成绩要更好以便进入名牌大学、名牌大学毕业后就能进入好的单位。

凡是总是拿成绩论事的父母，在孩子生活能力培养这方面肯定有所欠缺。那名沦落为乞丐的大学生肯定从小没有买过票，票都是爸爸排队买的，求助、问路都是妈妈去做的，生活的方方面面他都不曾动过手，不曾考虑过，所以自己买票就成了难事，求助也成了难事。这样的人，就算进入名牌大学又有何用？反而是一种悲哀。

望子成龙，不如教子成人。望子成龙看重的是目标和结果，是学习能力的提升；而教子成人看重的是人生的意义和价值，是生活能力的提升。父母一定要引导孩子协调好学习和生活，这样孩子才能全面发展。

很多家长有这样的疑问，如果孩子在学业上表现平平，他将来在社会上怎么与那些学习好的孩子竞争呢？我们知道，除有并列名次的情况外，每个班级前十名的永远是十个人，每个年级前十名的也永远是十个人，同理，每个学校中学习好的孩子也都是占少数的。

我们可以让孩子多才多艺，仅此就可以加分。一个人一旦过了求学阶段，除非他再去深造，否则很难再回校园。所以，在社会上，接下来就要看这个人的品位、才艺、鉴赏能力等，如果他在这些方面表现出众，就会让人感觉他很有才华，就会提高他的个人软实力。

在孩子学习之余，可以培养他的一些兴趣和爱好。这对个人软实力的提高是非常有帮助的。比如，听音乐可以净化心灵，画画可以愉悦性情，运动可以振奋精神，写文章可以锻炼文笔，等等。可以说，每种兴趣和能力都有它积极的意义。

孩子的主要精力如果都用在了争夺高分上，那么他们就没有时间考虑自己到底需要什么，这会造成情商上的缺失。我们发现，只有缺乏胆识、少主见的孩子才会把全副身心用于应付考试的压力，而有主见、有胆识的孩子，虽然也生活在考试的巨大压力下，但是他们只用 80% 的精力化解考试压力，会用另外 20% 的时间来做自己想做的事情，通常这些事才是对他们未来的发展起重要作用的事情。

无法协调好学习和生活，过于看重学习，其实就是用情商换智商，这种"优秀"的代价是非常可怕的。这不是一个人没有做好，而是两代人都没有做好。这样的孩子很聪明，很会考试，名牌大学出身，脑子里有很多知识概念，但是没有激情，对什么事情都缺乏兴趣。他们没有韧性，没有想象力，不能吃苦，不善于沟通交流，不善表达，缺少同情心，不会关心别人，不会与他人合作，这就是情商不高的表现。

情商不高的人，总是会用负面的眼光看人、看事，出了一点问题就会抱怨、记恨别人，甚至制造更大的灾难。

当年发生在美国爱荷华大学的卢刚事件就是这样一个悲剧。卢刚身为一名博士，也许因为一直以来成绩都是最好的，容不得别人超过他，所以当博士论文最高奖金被他人获得时，他就发狂了，枪杀了自己的导师、竞争对手、校长，最后自杀了。这样"优秀"的人，竟然做出这么不理智、伤天害理的事情。

所以，父母在提高孩子智商的同时，要不忘提高孩子的情商，这样孩子才能身心健康地发展。情商和智商并重，孩子才会更有竞争力，成为优秀的人才。

引导孩子文理并重

一位 HR 经理询问我怎么注重企业人才的培养、要营造什么样的企业文化，我告诉他，要全方位、均衡地培养人才，要打造中性的企业文化。

全方位的人才就是人文和科学均衡发展的人才。中性的企业文化既不像硬汉型企业文化那样强调竞争、技能，也不像享受型企业文化那样强调风险小、稳定，而是要介于两者中间，取得一种平衡。

平衡不仅对企业来说非常重要，对个人而言也是非常重要的。对个人发展来说，偏科的人后劲不足。比如在技术开发部，肯定不是技术最好的那个人成为部门主管，而应该是技术不错、写作不错、沟通不错、人缘不错的那个人成为主管。领导要能合理地分配任务，很好地沟通，欠缺人文素质的话是做不好的。同样，在人事部门，光有人文素养而没有很强的理性逻辑思维，也是不行的。

人的左脑主管逻辑思维，右脑主管形象思维。学社会科学的人大多比较感性，需要用数理的东西让自己保持冷静和理智。同样，学数理的人也应该有一些人文的东西，这样才能学会包容和沟通，避免做事太钻牛角尖。

很多人都知道钱学森是伟大的科学家，但是很少有人知道钱学森是一个古典音乐发烧友。钱学森并不是物理课上的书呆子，他爱好音乐，大学时就加入了学校的乐团。钱学森认为"音乐能让思维变得活跃与广阔"。钱学森还学过水彩画，喜欢文学和哲学，爱好摄影。他性格十分开朗，与这些兴趣爱好是有关的。这些兴趣爱好都属于艺术范畴，它们在一定程度上开拓了钱学森的科学创新思维。

为了达到文理平衡，我们就要做到文理并重。如果把人比作一栋房子，那么理工知识就是钢筋，人文艺术修养就是水泥，房子缺了钢筋站不住，缺了水泥不完整。父母应该注意，不要让孩子从小就偏科。对待孩子的文理，尽管不能做到50：50这样的标准，但也绝不能是20：80这么离谱。

引起偏科的因素是多种多样的。主观上，有孩子生理、心理的影响；客观上，有课程特点和设置、教师授课方式和个人魅力、家长的引导及接触的媒体和书籍等的影响，这些因素都会让孩子对某一学科产生喜欢或厌倦的心理，进而逐渐发展成偏科现象。父母不仅不能用自己的喜好来固定孩子的兴趣，引发孩子的偏科现象，还要及时对孩子进行疏导和帮助，引导孩子做到平衡。

我小女儿在小学的时候语文成绩总是比数学成绩差一大截。她的语文成绩在班上属于中下等，数学成绩达到上等。她跟我说，她一辈子都不要学语文、写作文了。

这样肯定是不行的。在让她学好语文这方面，我和太太下了很大功夫。我太太经常带她去看话剧、听音乐会，我会带她到湖边画画。后来，小女儿学的是理工专业，但是她的人文素养并不差，她是大学话剧社的导演，不但会改编话剧剧本，而且会参与演出。大学四年，女儿的生活是丰富的，也是快乐的。

听音乐会、看画展、看影展，这些是锻炼右脑的，去科学馆、去实验室、去种花养鱼，这些是锻炼左脑的。父母及时对孩子进行引导，让孩子左右脑相互促进，帮助孩子平衡文理，对孩子以后的人生发展很有帮助。

家庭关系好坏直接影响孩子人际关系

有的人不注重夫妻和睦，没有孩子以前爱父母，有了孩子以后爱孩子，唯独很少爱配偶。

有的夫妻在闹意见的时候从不让孩子知道父母现在是怎样的状况，甚至明明都到分居的状况了，还是不对孩子讲。看上去是为孩子着想，却会问孩子很难回答的问题："爸爸妈妈要分开了，你愿意跟谁呢？"这种问题是很残忍的，这是逼着孩子表态，让孩子很没安全感。

孩子在人际关系上表现出的诸多问题，都源于安全感的缺失。而良好的家庭环境，以及父母对孩子采取接纳、信任、鼓励的态度并且做出榜样示范，是建立孩子安全感、培养孩子自信心的必要条件。

和睦的家庭环境是孩子健康成长的重要条件，也影响着孩子的人际交往。家里一团和气，大家相亲相爱，孩子心里面就踏实，有一种归属感和安全感，也容易形成人生中非常重要的能力——爱的能力；如果家庭不和睦，父母经常吵架，孩子得不到应有的关爱，就会缺少安全感，言行也会发生异变。

"这是我的事，不用你管。"

"我是老大，你们都应该听我的。"

"我再也不跟他玩了！"

"我们绝交！"

"你不要找他去玩了，他太讨人厌了！"

"咱们找机会收拾他一顿！"

…………

家庭关系不和睦的孩子会经常说这样的话。他们攻击性强，以自我为中心，为人处世粗暴、不理智。

不过，有些家庭关系不和睦的孩子则会有完全相反的表现。遇到不同的意见时，他们会采取不合作态度，不与别人交谈沟通，用沉默作为反抗手段。

父母相处的方式、父母之间的关系好坏直接影响孩子的人际交往能力。父母关系恶劣的一种表现是言语行为上的暴力，比如说脏话，甚至动手打人；还有一种表现是冷暴力，即彼此冷漠。这两种方式都会传染给孩子。孩子习惯了父母这样的行为，就可能形成和父母一样的为人处世方式。孩子长大后，除了处理家庭关系，还要处理其他各种各样的社会关系，如果沿用从父母那里学到的处理方式，他肯定是无法处理好这些关系的。人际交往能力是竞争力中非常重要的一种能力，能力不强就会影响正常的工作和生活。

父母的不良情绪情感必然会影响孩子的情绪情感。父母关系不和给孩子造成了伤害，孩子便开始反抗，亲子关系也随之出现裂痕。要打破这种恶性循环，父母首先就要改善彼此之间的关系。当夫妻之间出现意见分歧时，双方一定要注意谅解和合作。这样，孩子在耳濡目染之下，不但能学会谅解人，也能学会与人合作。如果父母处事自私，一遇到分歧便争吵不休，教育出来的孩子往往会性格冷漠、偏执、自闭、蛮横。

可见，在平衡有序的家庭关系中长大的孩子，他们的各种和情绪相关的能力都能得到正常发展，将来在人际关系的处理上也会更加理智，不会走极端。

因此，爱孩子，从接纳自己开始；接纳自己，从接纳自己的不完美开始。当我们对自己的生活状态有一种厌恶情绪，总是抱怨自己的不幸，认为自己很失败、无能、不够好、没钱没资源时，我们已经背离了自爱、自尊，又如何去爱孩子呢？我们只有先接纳自己、尊重自己、爱自己，才有能力把这种情感和力量传递给孩子。

泰戈尔说："不是锤的打击，而是水的载歌载舞让鹅卵石臻于完美。"真正对孩子有价值的教育从来都是"润物细无声"的。孩子生活在父母构建的关系网络中，因此关系大于教育，关系先于教育。没有无条件的接纳，缺乏基本尊重和信任的亲子关系、师生关系，教育无从谈起。

营造和睦的家庭氛围，其实是一种家庭美德，它是孩子形成良好心理素质的前提，所以家庭成员尤其是父母之间理应和谐融洽。父母说话办事要以情感人、以理服人，相互谅解包容，而不能以势压人，这样才能让孩子的心安定下来，才能让他快乐地生活，健康地成长。

让孩子管理金钱，做到合理消费支出

现在，很多父母都是孩子的"提款机"。尤其是高中生、大学生，索要生活费几乎是他们与父母之间打电话的主要内容。

"爸，我没钱了。"

"要多少？"

"五百块吧，最好是一千块。"

"那我有时间就去给你办。"

"今天下午你就给我转账吧，我一点钱都没有了。"

…………

就这样，父母们急急忙忙去给孩子转账了，生怕孩子没钱吃饭会受饿，而孩子一挂电话，就想着钱到了是去打游戏还是给女朋友买件新衣服。

一个人要有很好的协调能力，既能协调好人和物，也要协调好资金。企业最终是要抓经济效益的，资金都协调不好，总是支出大于收入，企业是要倒闭的。同样道理，个人要处理好金钱关系，消费要合理，享受要适度，这样才能在生活上游刃有余。

现在，孩子的零用钱越来越多，压岁钱的数目更是令人惊叹，但孩子如果对钱总是毫无珍惜之意，甚至挥霍无度，那么就很难养成正确的金钱观。

父母要想让孩子养成正确的金钱观，一定要让孩子从小就接受金钱教育。金钱教育不仅是一种生存教育，更是一种素质教育。生活的实践证明，那种经济上能自立、不依赖父母的青年人，在学业和事业上都会发展较好。即使是孩子，也应该掌握一些金融、经济方面的知识。孩子有了一定的经济头脑，可以提高自己的辨别和分析能力，增强逻辑思维能力。

一个人不是进入社会后才接触到金钱的。孩子在三岁的时候就会拉着妈妈去商店买吃的，他已经知道了"买"这个词，说明他已经开始形成金钱意识，脑中已经对钱有了初步的理解，因此三岁的孩子就可以接受经济意识教育了。有些国家的父母在孩子三岁时要教孩子辨认钱币；在孩子四岁时让孩子使用金钱，教导孩子用钱买自己喜欢的零食或文具；在孩子五岁时就会让孩子对钱有更深刻的认识，让孩子知道钱是一种劳动报酬，可以用劳动换到钱币，所以会让孩子"跑腿"，让孩子赚赚"跑腿费"；在孩子八九岁时会教孩子看价格标签，让他们考虑自己的购买力。等到了十岁，有些外国孩子一般都有了自己的银行账户。也就是说，这些孩子从四岁到十岁，对金钱的认识是逐步深化的。在中学阶段，他们会在空闲时间当服务员，做兼职赚取自己的零花钱，他们的大学学费通常都有一部分是自己从小储蓄的。像沃伦•巴菲特这种出色的商人，基本上都是在十几岁就赚得了自己的第一桶金。

这样一比较，我们有的父母在这方面就略显不足了，以至于孩子十岁时对金钱的认识和四岁时的认识没太大差别，只知道钱可以买到自己喜欢的东西，甚至到大学毕业都还是这个认识。

在金钱这个问题上，我觉得有的父母的观念存在偏颇，他们对金钱总是抱着十分谨慎的态度，认为过早让孩子接触金钱会腐蚀孩子的心灵，让孩子变得势利，满身铜臭味。因此，他们都是背着孩子谈工资、说开销。其实，父母把钱藏得越深，孩子对金钱就越好奇。

大部分家长只会给孩子零花钱，但是从来不会教孩子如何使用金钱。稍有远见的家长会给孩子开一个储蓄账户，帮孩子把压岁钱、零花钱储存起来，防止孩子乱花钱。而连这些都做不到的父母，便成了孩子的"提款机"。现在我们是有钱给他提，倘若日后我们没有钱了，孩子又没有赚钱能力，他就可能去偷、去抢了。

父母们不要轻易成为孩子的"提款机"，让孩子认为钱是随用随有的，从而养成大手大脚花钱的坏习惯，缺乏合理支配金钱的能力。父母们在金钱上忽视对孩子的教导，必然导致孩子对金钱的认识不足，孩子不懂得赚钱的艰辛，当然不会正确地使用金钱。

父母首先要让孩子明白，"君子爱财，取之有道"，这是对金钱的基本态度；正确使用和支配金钱，将钱花在正确的地方，不唯利是图，不炫耀虚荣，不让铜臭污染生活的空气，生活才会变得有趣和有意义。

让孩子自己管理金钱，要看孩子自身发育情况，以及孩子从小在这方面受到的教育和锻炼。在四岁半时，有些孩子可能都辨不太清纸币的面额，有些孩子却能去超市买简单的零食。如果我们对自己的孩子很自信，那不妨给些零花钱让他们支配，一方面可以培养他们的金钱概念，另一方面对他们的判断力、自控力和计划性的培养都很有好处。

要想孩子合理消费，父母要考虑五方面的事情，这五个方面总结起来就是 5w：为什么买（why），买什么（what），什么时候买（when），到哪儿买（where），谁去买（who）。

第一，为什么买。这是让孩子深思自己的钱是否花得有价值，如果孩子说不出买的理由，或是理由不正当，那么父母要加以阻止。父母要关注孩子零花钱的花费动向，而不是做"提款机"。

第二，买什么。这主要是让孩子学着比较商品的使用价值与价值，找到最合适的，同时也是为了限制孩子的购买范围。

第三，什么时候买。让孩子按照一定的重要性安排购物活动，重要的先买，暂时不用的稍后再买。

第四，到哪儿买。一般来说，学习用品可以让孩子到小商品市场或普通文具店去买，不要让孩子养成买什么东西都要名牌的习惯，以免孩子产生攀比、虚荣的心理。同时，注意不要让孩子到卫生环境不好的地方买食物。

第五，谁去买。因为孩子年龄小，所以父母在购物地点上一定要注意，哪些是孩子自己能做到的，哪些是需要父母陪同购买的。

生活应该奢俭有度

讲到节约，我想到两件让我印象很深刻的事。

在英国的时候，有一次我在卫生间洗手，打开水龙头之后就开始抹肥皂。抹肥皂时我发现旁边一位老先生看着我，我正在纳闷他为什么看我时，他走过来把水龙头关掉了。

从那以后，我常常提醒自己，在任何地方洗头、洗澡、洗手，在涂肥皂、沐浴液时先关水龙头，这是一个习惯。

在德国的时候，我和两位德国朋友一起拜访另一位德国朋友——德国奔驰车销售总监。去了之后，得知总监临时外出了，一位德国太太接待了我们。她看我是中国人，就问我要不要来点茶，我说来一杯。我们坐了一会儿便起身告辞，当时我的杯子里还剩了点茶，那位德国太太问我："你不是喝一杯吗？"我只好把它喝完了。她说："小伙子，水是宝贵的资源，希望你珍惜。"这句话我一直记得。

这两件事对我触动很大，我后来时刻提醒自己要注意节约。我们回想一下，自己在洗头时关水龙头吗？洗澡涂沐浴液时关水龙头吗？这种因不节俭而造成的水消耗非常惊人。

有的白手起家的企业家，经历了创业的艰辛，才有了大的成就，可是在教育子女上出了很大的问题，他们给子女们奢侈的生活，以致子女不仅没有形成创业、守业的能力，反而丧失了生活能力，甚至骄横跋扈、生活腐化。

奢俭有度的生活环境对于孩子的成长来说是非常重要的。过于奢侈，会让孩子在物质生活中迷失自己；而过于节俭，又会让孩子产生自卑等不良心理。

父母应该给孩子提供奢俭有度的生活环境。不管是条件好的家庭还是条件不好的家庭，父母都应教导孩子学会做一些事情，养成自力更生的意识。

在"继承财产"这方面，外国不少父母不愿意将财产留给孩子，他们是这样说的：如果我的孩子很有能力，那么他根本不需要我的财产；如果我的孩子没有能力，那就更不能将财产留给孩子，因为他会败光。

倘若我们一开始就对孩子明确说明我们创造出来的财富与他们没有任何关系，孩子肯定就会努力去创造财富。倘若我们一直给孩子提供奢侈的生活，他们习惯了大手大脚花钱，习惯了信用卡刷爆还有下一张等着他，习惯了被保姆伺候，很可能就会成为"败家子"。所有的败家子，可以说都是父母纵容出来的。

生活应该奢俭有度，其实是应该学会平衡金钱和生命的价值。当眼睛都盯在了金钱上而忽视了生命的价值和生命的意义时，生活重心便是偏的。金钱可以买来华服，但是买不来家庭的温暖；金钱可以买来美酒，但是买不来友谊；金钱可以让孩子读名校，但是买不来孩子的竞争力。

奢与俭，既不能脱离实际也不能脱离实力。有时候购买的东西比别人多一些，花费的钱财比别人多一些，如果是个人或家庭所需就不能叫"奢"。但是，花钱只为炫富、只为比阔，要求"食饱不行，必珍；衣暖不够，必华；居安不行，必丽"，可能就要进入"奢"之行列了。所以，父母自己首先要把握好奢俭的度，再帮助孩子认识这个度，这样才能在他的心中树立一把尺子。

父母要审视对孩子在物质和精神上的关怀是否平衡

老祖宗教育我们，"吃得苦中苦，方为人上人"。在这样的理念下，我们不需要过程的快乐，我们做任何事情的过程都是艰苦的，只要结果是快乐的就可以了，于是我们的人生就被这种极端的情绪左右了。

作为父母，当我们把这句话应用在孩子的学习上时，孩子的学业就被我们带歪了。父母带孩子到博物馆走马观花，孩子还要拿着小本子记录，为了回去写作文，他自然快乐不起来。这样的父母认为做事情达到目的才是最重要的，常常把过程的快乐视为一种奢侈。可是，如果孩子在读书的过程中只剩下这些不快乐的体会，是不是活得太沉重了？

我们过多地强调求学、处事的目的性，而忽视追求过程中的乐趣，所以我们在达到目的时往往陷入空虚，尤其是一些所谓的成功人士会发现自己活得苦闷。

如果学习只是孩子生活中的一个维度，那么，父母在生活中又会给孩子什么样的影响呢？

父母不应该把孩子的事情全部包揽下来，而是应该要求孩子必须承担一些家务劳动，如摆餐桌、洗自己的衣服、整理房间等。

这看似很"残忍"，其实是对孩子最好的关怀。这种"残忍"的家庭教育，核心理念就是：对孩子要多鼓励少保护。过分的保护，将造成孩子对父母的依赖，使孩子怀疑或失去对自我价值和能力的正确认识和评价。

所以，父母要审视自己对孩子在物质与精神上的"关怀"是否做到了平衡。溺爱和爱就是物质和精神的关系。溺爱是给孩子创造特别丰厚的物质环境，要什么给什么，但是精神上是缺失的，不和孩子聊天，亲子在一起不会有欢声笑语。其实，精神上的关怀是更重要的。

当父母的头脑里没有平衡观念的时候，孩子就不可避免地成为一个单向度的、没有健全生活观念的人。

父母忽略孩子多少，孩子就会被世界忽略多少。应酬太多、工作太累等不应该成为父母忽略孩子的理由。在我们的日渐忽略中，孩子与他人、与社会无法建立有效互动的自信，会逐渐失去对话、问询的欲望，从而封闭自己。习惯封闭的人，相当于对世界关上了大门。

有一个人有两个孩子，一个男孩，一个女孩。有一次，他带两个孩子去海边玩。男孩看到沙滩上漂亮的石头，非常喜欢，准备捡回家。捡了几块，他拿不动了，就请爸爸帮自己拿一些。

这个人严肃地说："我不是告诉过你吗？每个人都要负起自己的责任，你喜欢你就捡，我不喜欢。"男孩只好自己拿，最后还是拿不了多少，就请求妹妹帮助自己。妹妹看了看爸爸，回绝了哥哥。

最后，男孩没有抱回那些漂亮的石头，而是将它们留在了沙滩上。从那以后，这个男孩也不怎么理会别人的请求、呼救了，变得待人冷漠。

这个故事给了我很大的启示，所以我总是尽可能地给孩子关爱。为了工作或应酬，我有时深夜才回家，两个女儿都睡着了。但是，我书桌右边有个很漂亮的小信箱，是给她们投诉用的，我回去如果看到里面有投诉，一定会回信，因为她们第二天早上会看。

这就是平衡我跟女儿之间关系的一种方法，我可以对她们严厉，但是一定不能伤了她们的心。

第六章

协调力：平衡健全的个性为孩子的未来加分

第七章

自信独立：
在家庭中成长为新的个体

　　朋友说，随着孩子渐渐长大，他和孩子经常会在某件事情上产生不同的看法。孩子会说："那是你喜欢的，不是我喜欢的！"其实，孩子敢于在父母面前表达自己的看法或坚持自己的看法，是他走向社会的良好开始。孩子不对父母唯命是从，长大了便不会随波逐流。

　　"让他如他所是"，放下父母的所想所盼。相对于顺从乖巧，独立自信的儿女才是父母最乐于看到的。

帮助孩子找到自信的感觉

　　自信很重要。自信是一种态度，它可以给人一种事情到了他的手上就没有问题的感觉。一个充满自信的人，他的面部表情、言谈举止都饱含着积极的情绪，举手投足之间也洋溢着吸引人的魅力。与自信的人相处，我们甚至会感觉到这个世界上根本没有什么难题可言。

　　自信是情商的最高境界。充满自信的人的情绪表现相当稳定，在逆境中仍能保持高昂的状态，在顺境中更会勇往直前。自信的人积极性高，自尊心强，勇于冒险，自信会促使他们做出更多超越自我的贡献；自信的人更容易获得大众的掌声。如果一个人对完成一件事有很强的自信，那么他做这件事已经成功了一半，所以培养自信心非常重要。

　　自信心并非生而有之，它可以在后天培养出来。在家庭教育中，帮助孩子找到自信的感觉是非常重要的。让孩子变得自信，就要鼓励孩子敢于尝试、敢于冒险，对孩子的想法予以支持和鼓励。

有一次，我在某酒店的游泳池边休息，看到一个三四岁的小孩站在跳台上面，正在考虑要不要往水里跳。跳台不算太高，离水面大约 1.5 米，但对一个三四岁的小孩来讲，的确是一个挑战。他站在那里犹豫不决，这时，坐在游泳池边和朋友聊天的孩子的妈妈无意中回头看到了这一幕，妈妈什么话都没讲，只是做了一个跳水的示意手势，小孩笑了，然后"扑通"一声跳了下去。那位妈妈站起来看了一下，又坐下继续跟朋友聊天了。

类似的事情发生在另一个七八岁的小孩身上，情况却大不相同。小孩刚迈上跳台，他的妈妈就冲过来大声喊道："小宝贝，你这样会淹死的！"接着一把把小孩从跳台上拉了下来。

这就没有给孩子培养自信的机会。如果我猜得不错，这个小孩以后也不敢跳水了。

其实，小孩之间并没有太大的差别，只是有的得到了家长的鼓励，有的被家长吓得没有胆量、没有自信罢了。可见，后面这位妈妈的教育方式是有问题的。和这位妈妈有相似教育方式的父母不在少数。

有的父母对孩子的过度呵护，养成了孩子胆小怕事的心理，让孩子缺乏自信。

在过马路时，有的父母经常紧紧牵着孩子。我不认为孩子过马路就应该被大人牵着，因为这无形中会降低孩子的冒险欲望。其实，父母完全可以这样做：让孩子走在前面，自己走在后面，鼓励孩子勇敢地向马路对面走去。如果孩子连自己过马路都不敢，他长大了能有自信面对各种竞争、面对无数的选择吗？

有的父母很擅长打击孩子的自信心。

比如，孩子要去演讲、做了一件手工、布置了房间等，不但得不到父母的支持认可，反而被说成不务正业、做得一团糟、浪费了时间和精力、浪费了金钱。不断接受否定与拒绝的孩子、经常遭受父母讽刺和打骂的孩子，做任何事情都会显得毫无信心，也很少会有成功的可能。不断得到父母鼓励与支持的孩子，在面对人生的挑战时才是充满自信的。

美国心理学专家尼尔森特别强调，赞美需符合"即时"原则，"即时"的效果好于"及时"，更好于"滞后"。

IBM 公司创始人托马斯·约翰·沃森总是即时认可员工的每个成绩，例如，给完成一笔很棒的业务或者贡献出新思想的员工当场奖励 500 美元。

有一天，一个年轻人走进他的办公室，告诉他自己获得的一个了不起的成绩。沃森在高兴之余，遍寻衣袋和办公桌的抽屉，希望能找到什么可以马上作为奖品的东西，结果只找到一根香蕉，他便把这根香蕉给了小伙子。年轻人恭敬地接受了奖品。从那以后，香蕉在 IBM 公司就成了成绩的象征。

一根香蕉不是很贵重的东西，但是这种做法体现了一种态度：我对你很满意，我很赞赏你的举动，我很开心。这种情绪如果等到有了合适的奖品的时候再去表达，恐怕已经"失效"了。

因此，父母要懂得时机很重要。时机往往就在孩子表达自己的那一瞬间，过后再想去鼓励，已经没有当时的良好效果了。

孩子有了自信和底气，即使处于劣势，他依然能果敢前行，即使处于困境中，他也能自信地做出最有力的反击。

让孩子自己解决问题，不依赖父母

在职场，有的员工很少主动去做事情，出现问题很少独立去解决问题，总是希望别人帮助自己、别人承担责任。

员工有这样的问题，与他们父母的教导有很大关系。他们在小时候很少自己解决问题，凡事都依赖父母，不管是双手还是大脑，都会在这种依赖中逐渐萎缩。长大后，他们工作起来自然缺少独立性，缺乏责任感。

如果孩子从小到大从来没有单独待过十分钟，无论玩游戏、看书，还是看动画片，必须有一个人陪在他身边，那么这样的孩子永远长不大。对此，父母要承担非常大的责任。

在教育小孩时，父母应该坚决一些，有时候也要心硬一些。如果孩子遇到一点小事就开口，而父母马上帮忙解决，那么孩子只会永远依赖父母。孩子太依赖父母，父母对孩子的事情安排得面面俱到，可能会让孩子变得没有礼貌，不懂得珍惜，养成做事不负责任的坏习惯。

增加孩子独处的时间，要求他独自去完成某些力所能及的事情。不要怕孩子承受不了这种分离，我们其实低估了孩子的适应能力，根本不是孩子离不开我们，而是我们离不开孩子。

孩子撞到了桌子，又不是父母撞到，父母何必一下子冲过去？父母太多的安慰反而会让孩子感觉更痛，这关系到他日后的抗挫折能力。孩子的玩具找不到了，是他保管不善，又不是父母藏起来的，父母何必去帮他翻箱倒柜？父母的过分帮助反而让孩子形成"不劳而获"的心理。

父母应该给孩子一个宽松的成长环境，对孩子最重要的教导便是让他们学会自己做事、自己负责、自己解决，让孩子明白，任何人都有自己的使命和责任，任何人都不能推卸自己的责任，让别人收拾残局是不对的。

自信培养规划：事前要准备，事中要纠偏，事后要检讨

我大女儿读小学的时候，有一天跟我说，下周有一节研究报告课，每个人都要找一个自己感兴趣的知识点，做成一份报告，上台去讲讲。

我问她："你打算做什么方面的研究报告？"

"爸爸，我不知道。"

"不知道就是乱写了。"我打趣道，然后开始引导她，"你应该找一个新鲜的题材，写一份同学很少听过的报告。"

"爸爸，我想起来了，昨天我和妈妈洗脚的时候，妈妈跟我说到缠足，说姥姥的妈妈就缠过足，很痛苦。我没见过缠足，我想同学们也没有见过，他们肯定有兴趣。"

"这是个不错的提议啊。旧社会的女人因为缠足很痛苦。你做这方面的研究很有意义。缠足的过程是怎样的，缠足形成的小脚究竟是什么样的，你最好找些图片，这样更清晰。"

女儿忙碌了起来，我的电脑、我的资料库被她占用了。她还去

了图书馆查资料，最后请我帮她修改她的报告。

她说："我好希望我是第一个站起来做报告的。"

听了这句话，我心中一阵骄傲，我的女儿自信心很足啊！

后来，女儿果然是第一个上台讲的，而且老师将她关于缠足的报告给全班每个人复印了一份。此后，女儿遇到这种报告类的作业，从来不烦恼痛苦，也不会应付敷衍。

孩子面对很多人时强大的自信其实源于他事前的充分准备。如果事前不认真准备、不认真学习，真正到要面对的时候，他肯定会紧张得额头出汗、双腿哆嗦。

让孩子在做事前多做准备，考虑一些细节的东西，避免盲目行动，这样成功的概率会大一些，他的自信心会更足一些。

父母不仅在事前要让孩子做准备，在做事过程中还要帮助孩子纠正已经出现错误的地方，在事情做完后更要让孩子学会反思和总结。这样，孩子才会真正学到东西，有所进步。事中不纠偏，孩子越错越多，自信心就会受到打击；事后不检讨，孩子没有自省，对错误的地方印象不深刻，下次还会犯同样的错误。

在孩子做事情的时候，父母以观察员的身份去纠正孩子；在孩子走弯路、受挫时，父母引导他们反思失败，找到碰壁的原因，思考另一种方法，然后再次尝试。这样，孩子经历越多，办法也就越多，成功的概率也就越大了，自信心就越来越足了。

能承担责任的孩子才有独立的资本

我的司机有一次因为一点事情误了时间，他见到我的第一句话就是："这是我的错。"他的这种行为叫负起责任。如果他一见到我就解释说什么路上车太多了、他的车半路抛锚了，或者他在门口找不到路了，我都会听不下去。但他一说这是他的错，我就平心静气地接受了他的道歉。

这样的人不论在哪里都会受到重用，因为他们敢于承担责任，自信地承担起该承担的责任。敢于承担责任是做好工作的第一要素，比任何能力都重要。其实，在工作中，只要有责任心，80%以上的问题都能得到很好的解决。

社会学家金斯利·戴维斯说："放弃了自己对社会的责任，就意味着放弃了自身在这个社会中更好的生存机会。"清醒地意识到自己的责任并勇敢地担起责任，这样，无论对自己还是对他人，无论成功还是失败，都是问心无愧的。我们可以不威武，可以不富贵，可以不伟大，但是我们不可以没有责任感。任何时候，我们都不能忘记自己身上的责任，扛着责任，就是我们一生的信念。

没有责任感不是一朝一夕造成的，而是从小养成的。一个孩子从小就无法承担起自己给自己造成的不良后果，长大成人后，也必然难以承担因为他的过失给别人造成的影响。这样的孩子就很难在同龄人中脱颖而出，因为一个不能对自己行为负责的人，别人怎么敢让他承担更重的责任，为一个团体负责呢？

孩子责任感的缺乏，大多源自父母过度的保护和照顾。

小孩子不小心撞到桌子上，大哭。有的妈妈的第一个动作往往是打桌子，当然这是她们哄小孩的一种方法，可是这在无形之中告诉了孩子：责任在别人。

有的妈妈则把孩子带到旁边，说："来，再走一次。一个人走路会撞到桌子有三个原因：第一是速度太快，来不及停下；第二是他的眼睛一直看着地而没有注意前方；第三是他心里面不知道在想什么。你是哪一种呢？"

可以看出，后一类妈妈非常注重对孩子责任心的培养。桌子是没有生命的，父母不能把孩子撞到桌子的责任归咎于桌子，推卸责任是不可取的。

培养孩子的责任感，有两方面需要父母注意。

第一，让孩子学会自己的事情自己负责。克服孩子的依赖性，培养其独立性，让孩子独立思考问题，独立解决问题，独立去处理自己应做的事。

第二，让孩子懂得自己一举一动的差异常常会产生不同的后果。孩子只有学会了对自己的行为负责，才会对什么事应该做、什么事不应该做有良好的判断。孩子明白了要对自己的行为负责之后，就会慎重地行动，养成冷静、认真的习惯。

很多孩子做事往往是凭兴趣的。要让孩子对某件事负责到底，必须清楚地告诉他做事的要求，并且与适当的处罚联系在一起。比如，把洗青菜的任务交给孩子，他要是没做好，便不能吃这个菜。这样，孩子才知道一个人是要对自己的行为负责的。孩子只有先对自己的事情负责，才能进而发展为对家庭、对他人、对集体、对社会负责。

有一次，我在火车站看到一家人，爸爸背个大包，妈妈背个中包，小孩背个小包，三人站成一排等火车。

这个景象深深地触动了我，因为当时火车站里还有很多小孩，都是抱着可乐、吃着零食、玩着玩具，没有谁背着包，而他们的父母则背上背着包、手上提着包。

这就是父母有没有让孩子负责任的区别。平时，父母应该多培养孩子的责任感，孩子才会变得懂事、坚强、有责任感，才有独立的资本。

从小开始，鼓励孩子讲话

意大利传奇女记者法拉奇生前曾两次采访邓小平。

七岁的时候，因为一件事，法拉奇被爸爸批评了一顿，她蹲在墙角哭。爸爸对她说："孩子，如果爸爸批评你是对的，哭是什么意义？哭是表示委屈吗？不，你应该去思考一下为什么挨批评，以后如何不再被批评。如果爸爸批评你是错的，哭又是什么意义？哭是表示不敢辩解吗？你可以告诉爸爸哪儿错了，免得以后又错怪了你。"

法拉奇七岁就了解到，哭是一种无奈，是一种无助，也是一种扯皮，并不能解决问题，结论就是不要哭。从此以后，她不再哭泣。日后，无论遇到什么事情，她都会勇敢地用言语清晰流畅地表达出来。长大后，她成为一名传奇的记者，她能问出具有代表性的问题，她能清晰地表达观点，即使在非常重要的场合也不会怯场。法拉奇给人的感觉永远是自信独立的。

要让孩子变得自信独立，一定要在说话方面引导孩子。鼓励孩子多讲话，多表达自己的观点，这样孩子才能不怯场，表现出大气的言行。

孩子小时候是非常喜欢说话、非常喜欢表现的。在幼儿园里，孩子们总是积极回答老师的问题，老师提出一个问题，一只只小手总是举得高高的；在家中也是如此，孩子遇到问题总是直接表达出自己的观点。但是，孩子越长大越胆怯，到了中学、大学，老师如果问哪个同学来回答，下面多半鸦雀无声；家里来了客人，孩子也只会躲在房间里不出来。

孩子形成这样的性格是有原因的。有的家庭，环境不太民主，孩子一切得听父母的，没有发言的机会，没有争辩的机会，久而久之，孩子就越来越懒于说话、懒于表达。

德国教育家卡尔·威特说："如果父母能够采取一种积极解决冲突的态度和方法，让全家人都坐下来，在家庭会议和谐融洽的气氛中有效沟通，这样得到提议无疑是具有建设性的，而且会收到较为满意的结果。"在美国，孩子是独立的个体。对他们的喜好、选择、隐私、交际圈，父母一般不会过多干涉。父母也会让孩子参与到家庭事务中。

我的一个美国朋友经常跟我聊起他们家庭会议的内容，比如女儿想买车、家里装潢要什么风格等。让我印象最深刻的一件事就是他的小儿子为了让他们同意安装有线电视而列出了二十几个理由："爸爸，您非常重视家庭和睦，如果安装上有线电视，那么大家可以坐在一起看电视，相处的时间也多了；我知道您主要是担心有线电视费用问题，我查了查，有线电视每个月收费是 13.9 美元，我、戴维以及特丽莎愿意在我们每个月的零花钱里扣除 6 美元，这样您和妈妈只需要付 7.9 美元；您和妈妈每月都要到电影院看电影，每张电影票是 4 美元，这笔开销也不小；请问你们愿意和你们的孩子晚上一起看电视吗……"

我被这个男孩的理由震惊了。他清晰流畅地表达出了自己的意见，并且提供了解决办法和可行方案，这是非常了不起的。

2011 年，十二岁的美国天才少年托马斯·苏亚雷斯在"TED Talks"大会上发表演讲。因为他开发了两款 iPhone 应用游戏，要寻找投资方。他侃侃而谈，分享他的创作经验与技术，谈到了他为什么要开发以及如何开发的，自信且毫不怯场，清晰的演讲中还有很多幽默的表达。在美国记者对他的后续采访报道中，我们得知这个小男孩的家庭环境非常民主，他父母总是鼓励他去表达自己想表达的内容，去做自己想做的事情。

可见，民主的家庭环境更容易教养出勇敢自信的孩子。

观察力：
抓住细节才能发现成功的秘密

●●●

　　培养观察力，一定要做到细心。细心的人会处处留心，他能看到学校的花开了，能看到小区里一块指示牌掉了，能看到某个人的做事方法不对，能看到别人的面部表情……细心观察后他能发现问题，然后着手解决问题。不细心的人，看什么都马马虎虎，做什么都应付了事，生活走马观花，工作漫不经心，这样的人是很难有成就的。

观察力是创造力的基础

管理者都要记住一个词：异常管理。也就是说，去管那些人家不管的事情、看不到的事情、做不到的事情、没有想到的事情、说不出的事情。

我认识一位大型超市的总经理，他有一个习惯，在检查工作的时候，喜欢站在门口。他说，公司到底碰到什么问题，顾客对公司有什么想法，要站在门口才能发现。这说明一名优秀的管理者要学会异常管理，要有敏锐的观察力，要能够发现问题、发现机遇、看到优势，但也不能忽视劣势与危机。

观察力是一种竞争力，不仅是管理者应该具备的能力，也是父母在家教中应当引导孩子提高的一种能力。观察力是认识事物、辨别事物的一种能力，提高孩子的观察力，有助于孩子认识事物、学习知识。同时，观察力也是创造力的基础。

我们总是用"聪明"来表示孩子的智力水平高。"聪明"这个词从字面意思上理解就是"耳聪目明"，也就是说智力高首先是以感知为基础的观察力强。"耳聪目明"，善于听到新鲜的声音、看到新鲜的事物，进而将其作为新知识加以吸收，转化成智力。

著名生物学家达尔文说过一段话，大意是：我既没有突出的理解力，也没有过人的机智，只是在对那些稍纵即逝的事物进行精细观察的能力方面，我在众人之上。观察是科学研究形式中重要的一个环节，只有通过观察才可能发现并提出问题。爱因斯坦说，发现问题、提出问题比解决问题更重要，因为解决问题可能靠的就是一个数学的运算或者实验的技巧，而发现问题、提出问题却需要通过观察与具有创造性的想象力才能够实现。

另外，从生理和心理的角度来看，观察力也是非常重要的。一个孩子如果观察力不强，发现不了生活中的变化，就好像是一直生活在单调枯燥的环境中，脑细胞长期处于抑制状态，思维得不到锻炼，不管是身体还是心理都会如死水一般。如果观察力强，他看到的生活、体会到的生活会是丰富多彩的、充满刺激的，这会使他的大脑皮层经常处于兴奋状态，从而大脑发育就会很好，智力发达，生活也更有情趣。

因此，提高孩子的观察力是非常重要的。

我在女儿们两三岁的时候，经常会跟她们玩看图片的游戏，以此锻炼她们的观察力。我会找一些风景图片，先让她们看两分钟，然后让她们说出图片上都有什么。一开始她们肯定先将图片上显眼的、比较大的事物说出来，比如山、河、轮船等。然后，我会问她们更具体的问题，比如有几座山、有几条帆船、河对岸有没有树等，她们的回答就开始模糊了。这时我会让她们再看一次，再回答问题。这样，她们一次看得比一次仔细，最后几乎连树上有几只鸟都能观察得非常清楚。

这样的游戏玩了一段时间后，她们就知道一张图片上自己需要记哪些东西，后来即使是新拿出来的图片，她们稍微看一下，基本上就能记得十分准确。再后来，我逐渐将图片扩展成生活中的事物，引导她们进一步观察。

只要父母有心，孩子的观察力是能很快提高的。

细心是成功者的一种根性

做管理者肯定要具备一定的管理能力，但更重要的是要具备领袖根性。根性是根本性格，细心就是一种根性。

细心的人，外在的表现是谨慎、缜密、专业和追求完美。我国古代伟大的思想家老子说："天下难事，必作于易；天下大事，必作于细。"但问题是，想做大事的人太多，而愿把小事做完美的人太少。一个做事不追求完美的人，是很难获得成功的；而要想做事完美，就必须学会细心。

一个细心的人，不会只有目标而没有方法。我们经常提出一些远大的目标，但因为没有把目标分解拆开，细化在每一天、每一件事或每一个过程里面，所以就不知道自己的具体责任是什么，如何实现目标，目标就总是变得很"虚"。再精彩的思想，如果没有方法也是实现不了的。

细心的人，不会让自己的产品与服务不专业。

德国贝尔上海公司对员工的培训包括接电话的方式这一项，因为公司发现很多新员工应对客户的方式很直接，他们习惯于简单地回答客户的问题。曾经有客户打电话询问是否有 S3104 的材料，得到的回答只有两个字："没有。"懂得接电话艺术的人的回话不会永远只有一句，而是会把时间、地点、数量量化得非常精确。

"对不起，S3104 的材料昨天刚好用完，现在还有两个替代品，S3101 跟 S3102 可以吗？"

"不行，我只需要 S3104。"

"噢，这样啊，最近的库存在南京还有 3500 个，如果调拨，大概下周二可以拿到。"

"我很着急，这周能不能拿到？"

"那这样，今天下午四点钟我给您回话，紧急调拨 1500 个，这个周六早上让你拿到，您看怎么样？"

听到这样的回答，相信客户一定会很高兴地说声"谢谢"。

细心的人，会比对手多走一步、做好一些、多赢一点，就可以占据领先地位。"新东方"的俞敏洪就是细心的代表之一。中国企业想在美国股票市场上市，要把财务报表送去检验，第一次如果没有检验通过，第二次、第三次就很困难了。俞敏洪做了一件很聪明的事情，他很早就引入了普华永道的审计制度，让审计师进入公司。一家公司如果想要上市，最好一开始就按照上市公司的标准去运营。俞敏洪比别人先走了一步，所以"新东方"成为中国大陆第一家在美国上市的教育产业企业。

细心的人，在执行过程中能看得出破绽与漏洞。执行不到位，并不表示开始的时候就有问题，而往往是在执行的过程中存有漏洞。其实，任何事情都是一边做一边修正的，细心的人能够随时注意、随时调整、随时修补，因此更容易成功。

培养观察力，一定要先做到细心。细心的人会处处留心，他能看到学校的花开了，能看到小区里一块指示牌掉了，能看到别人一个不易察觉的小动作或细微的面部表情……细心观察后能发现问题，然后着手解决问题。不细心的人，看什么都马马虎虎，做什么都应付了事，生活走马观花，工作漫不经心，这样的人是很难有成就的。

罗兰·贝格国际管理咨询公司是著名的咨询公司，它的创始人是罗兰·贝格。凡是与这位总裁打过交道的人都知道，他不会忘记任何事情，哪怕是一件小事。

罗兰·贝格每天都要处理大量事务，他会用录音机录下每件事务的交涉经过，然后让秘书整理后打印出来发放给相关人员。同时，他会在每一份"内部备忘"上标明时间，到了这个时间，秘书就会把与"内部备忘"相关的文件放在他的桌子上。所以，他不会忘记任何一件他关心的事。

能力、习惯需要从小就培养。小的时候马马虎虎，做数学题总是会点错小数点，出门总是丢三落四，也不会发现身边的变化，就很难形成细心的习惯，也很难拥有敏锐的观察力。

生活的细节在书本之外

因为工作的关系，我经常入住酒店，对国内各地的酒店都非常熟悉。其中，有两家酒店让我印象十分深刻。一家是宁波东港喜来登酒店。之所以印象很深，源于一张小小的洗衣单。这家酒店的洗衣单上有三个彩色小方块，紫颜色代表丝洗，黄颜色代表干洗，天蓝色代表熨烫，客人通过选择彩色小方块来告知自己的洗衣需求。在多年前，能这样标示的酒店并不常见。

另一家是哈尔滨的香格里拉酒店。那次，我辗转几个城市，换了好几套衣服都来不及清洗。我有一套衣服只穿一天的习惯，正愁如何清洗衣服。入住香格里拉酒店后，我在枕头旁见到这样一张卡片："亲爱的顾客，在您临睡之前，请您把要洗的衣服交给我们，明天早上您就会收到干净而整洁的衣服，不必为此付出任何加急费用。请拨内线3，与我们联系。"

这简直是我的福音。我赶紧拨了电话，服务人员马上就来取衣服了，并给我一张单子，让我填写信息。"时间"那一项，上面列出了从 5:00到9:00每隔半小时的所有选项，我在"5:00—5:30"下打了个钩。第二天早上五点一刻，服务员就把我的衣服送来了："余先生，您的衣服洗好了。"

我很喜欢这两家酒店，每次到宁波和哈尔滨我都尽可能入住这两家酒店。小小的三个方块、几个详尽的时间选项，就是做事的态度，就是一种精神。这就是细节。这种细节，往往会带来意想不到的效果。

后来，我对公司的文件也进行了颜色管理。我们公司的卷宗有个封套，红色的封套表示一天之内一定要批，蓝色的封套表示两天之内一定要批，绿色的封套表示三天之内一定要批，不太紧急的都是黄色的封套。这样，便加速了我们公司公文的审批流程。

我们如果真的有心做到细节量化，就会发现生活中处处体现着细节，而这些细节往往存在于书本之外，更值得孩子去学习。

细节决定成败，很多小事影响到事情的最终成败。有人在面试的时候因为捡起地上的一张废纸，于众多精英中脱颖而出；有的商店因为在销售时赠送小礼品而生意红火；有的人在朋友生日时从来不忘送上生日祝福，在节假日也不忘问候，使得友谊长存；有的人在设计商品时总是尽可能全面地将客户的需求和现实情况考虑清楚，使自己的设计受到欢迎。可见，重视细节，全面客观地掌握和考虑所有的情况，做出的决定接近完美，更容易获得成功。

认真做事，只是把事情做对；用心做事，才能把事情做好。用心就是要注重细节。父母要从孩子小时候起就给他灌输这种思想，让孩子在这种思想的指导下养成用心做事的习惯。

细节是最有价值的环节，如果我们培养出的孩子粗枝大叶，那么，他们长大之后，在工作岗位上、在社会中，就难以达到很高的高度。所以，父母要引导孩子形成关注细节的生活态度。

我送出去的文件、档案、物品，一定是干净整齐、装订包扎得非常仔细的。这样做一方面可以减少自己和别人的麻烦，另一方面也可以提升自己的职业形象。

生活中无处不体现细节。一个不经意的细节往往能够反映出一个人深层次的修养、品性以及能力。一份皱皱巴巴的简历可能将我们的能力打折，一次投机取巧可以降低我们的品性，我们平时看的书可以透露出我们的知识素养。如果能够在这些细节上注意，并不断完善自己的能力、品性以及修养，那么在机遇降临的时候，我们就能够从容不迫地把握住它。

教会孩子心思细腻

儿子做事只图快，从来都不会考虑细节。

明明他能够做好的事情，偏偏就出错了。

一张 100 分的试卷，因为马虎而丢的分数竟然达到 30 分。

做事情有时候认真，有时候马虎，缺乏稳定性和条理性。

如果他能好好思考一下，不那么冲动，也许就能做好了。

…………

以上情况，是否也发生在你的孩子身上？粗心大意是许多孩子爱犯的毛病。他们观察事物不细致，感官上不敏感，做起事情来总是风风火火的。这种感官上的不敏感其实就是心思不细腻。

教会孩子心思细腻，并不是要培养出一个林黛玉，做什么事情都伤春悲秋，而是让孩子学会透彻地考虑问题，做到谨小慎微。

让孩子变得心思细腻，父母应该注意两个方面。

第一，对身边所发生的事情，父母要引导孩子思考其因果关系。

人们常常开玩笑说：一个苹果掉到牛顿的头上，他会想到万有引力；掉到我们的头上，我们就把它吃掉了。如果孩子从不思考因果关系，认为老师所给的答案永远是标准答案、学校所用的课本永远是标准课本，不会问为什么，那他也不会有思考力和创新力。

教条往往限制了个人的想象力，束缚了思想的发展，而适当的启发有利于良好思想习惯的培养。在平时，父母要多让孩子回答一些开放性的问题，多引导孩子发现事物之间的关联。比如，带孩子去吃汉堡，发现汉堡涨价了，就可以与孩子探讨，汉堡为什么涨价？还会继续涨价吗？政府会任由汉堡不停地涨价吗？等等，这些开放性的问题，都会启发孩子去思考。

第二，父母要引导孩子找到事情没有做到位的根本原因。一件事情如果做得不好或执行不到位，就要研究它的根本原因，只研究表象是没有用的。

第八章

观察力：抓住细节才能发现成功的秘密

要求孩子思考如何对现状做出改善

面对孩子的粗心，很多父母采取埋怨、批评甚至打骂的方式，希望孩子能得到教训，提高警惕。其实，细心是一种能力，也是一种心理素质，但是在大多数情况下，孩子光靠"增强警惕性"以及"提高觉悟"，是做不到细心的。

很多孩子无法养成细心的习惯，是因为缺乏深加工和精加工的能力。比如，有的孩子和妈妈去菜市场，匆匆瞥了一眼韭菜，看见电视上绿油油的麦苗，就会将麦苗认成韭菜。

所谓深加工和精加工，就是要超越单纯观察的程度，要对观察到的事物进行更深更广的思考，尤其是对观察到的一些问题进行深层次的思考。做到这一点孩子就可能发现别人发现不了的事情，做到别人做不到的事情。

针对孩子"缺乏精加工和深加工"式的粗心，父母应该让孩子多审视自己、多思考几遍。

无论生活还是工作，有很多人都习惯始终用同一种方法做事。

如果一个人工作了五年，用的都是同一种方法，其实相当于他只工作了一年，另外四年都是复制再复制。

许多人的问题就在于没有思考是否有更优化的方法。用心的人、用心的企业一定会非常注重细节，不断寻求改进或优化。比如，在汽车站或者火车站，每一天都有人坐错车。你可能会说这样很正常，尤其是碰到春运或别的假期的时候，那么多车，那么多人，车站的工作人员又有限，出点差错是必然的。那你是否想过这是可以改善的，并且不需要增加人手或者额外的成本就可以做好呢？

日本东京火车站有地上、地面、地下三层，十六个进出口每天进出二三百万人，但是极少有人坐错车，因为自动售票机出来的车票颜色与月台上面圆圈的颜色以及要乘坐的火车的颜色是相同的。拿蓝色车票的乘客要在有蓝色圆圈的月台上等待蓝色火车，拿咖啡色车票的乘客要在有咖啡色圆圈的月台上等待咖啡色火车。

"千里之堤，溃于蚁穴"，要想成就伟大的事业，就不要忽视微小之处。然而，环顾四周，大而化之、马马虎虎的毛病随处可见，"差不多"先生比比皆是，"好像""几乎""将近""大约""应该""可能"等已逐渐成为人们习以为常的口头禅。而细心的人，对生活、对自己要求很高的人，一般不会使用这些词语，他们会随时随地对不足的地方"补位"。

最严格的表现标准应该是由自己设定的，而不是别人要求的。如果你对自己的期望比父母对你的期望更高，那么你无须担心自己会让父母失望；如果你对自己的要求比老板给你设定的标准更高，那么你无须担心自己会没有工作，甚至升迁晋级也指日可待。

万捷是雅昌文化集团的董事长。雅昌文化集团自 2003 年以来，数次获得美国印制班尼（Benny Award）金奖。这是全球印刷界的最高荣誉，相当于印刷界的"奥斯卡"。

我们都买过书，有时书一打开，我们可能会发现里面有一页不知谁踩了个脚印。这对读者来讲是个遗憾，而对万捷来讲是一种事故，他会开始研究，这脚印是谁踩的？为什么会踩上去？纸摆在哪里？有几张纸可能会被踩到？通常什么时候会被踩到？以后如何避免再被踩到？一个脚印，他就会从纸张的储存、搬运到切割、上机等方方面面进行研究分析。

万捷说，做印刷品和搞服务是完全一样的，也要强调售后服务和品质管理。他研究这些问题，就是对自己的高标准要求。一个脚印可能是印刷工序的一个错误，今天多出来一个脚印，明天一个批次的书都可能出现问题。他不忽视这一个脚印，而是认真对待，因为这种态度，所以才能多次拿到印制金奖。

第九章

合作力：
先"合"亲友，后"合"社会

对于一个孩子来说，真正意义上的优秀，必然是建立在一个团队基础上的成功。因为团队的存在，个人的成就和努力才有意义，个人也更能从别人的感受中获得至高无上的快乐。

家庭是孩子经历的第一个团体，孩子的团队意识应该是父母最先予以传达和引导的，如果父母不注意孩子的情商培养，不注意让他适应团队生活，等他长大后再对他讲要有团队精神，那就为时已晚了。心理学研究表明，群体环境和集体活动最有利于培养孩子的合作精神，父母可以多创造这样的环境，让孩子学会忍耐宽容，加强自我约束力和控制情绪的能力。

有同理心，才能照顾别人的感受

有同理心，我们才能与周围的人和谐相处。

同理心在人际交往中是非常重要的。有了同理心，能够照顾别人的感受，让人感到温暖，这是一种人格魅力，这种人格魅力往往会让我们得到别人的赞赏。在生活中，我们给别人多少轻视的白眼，别人就会回馈给我们多少轻视的白眼；我们给予别人多少同理心，别人就会回报我们多少尊重和帮助，在我们需要帮助的时候，别人也会给予我们一定的同理心。

同理心这种行为特质之所以能固定下来，多半是代代相传的结果。父母出去吃饭，总是对服务员摆出不可一世的样子，孩子也会这样做；父母对待保姆总是呼来喝去，孩子也会这样做；父母对残障人士表示出冷漠，孩子也会这样做；父母对同事的苦难表现出幸灾乐祸，孩子也会这样做。这样的父母以及孩子都给人没有教养的感觉，不会照顾别人的感受，自然也无法取得别人的好感和信服，甚至会遭人嫌弃。

具有同理心的孩子，能够敏感地察觉他人的情绪，不会说一些让人难受的话，不会做出一些让人难堪的事，而是会善解人意、安慰别人。这样的孩子关心集体，关心别人，做事情愿意配合，自然受到欢迎。在赛跑时，有的孩子不慎跌倒了，具有同理心的孩子就会主动伸出双手给予帮助，这样的行为让人感到温暖，他们不仅是竞争对手，也会成为朋友。

具有同理心的孩子，对劳动会有正确的认识，知道职业不分贵贱，因而会形成相对正确的价值观。此外，具有同情心与同理心的孩子，不仅人缘好，也能以正面的态度去面对周边事物，碰到问题时能坦然应对，不轻易逃避，对挫折的忍受度也比较高。

孩子同理心的差异与父母的管教方式有很大关系。其实，小孩在三岁时就已经能够感受到他人的痛苦了，也能试着去安慰别人。比如，有的孩子看见同伴哭了会跟着哭起来，有的会拿自己的玩具或零食给同伴，这就是具有同理心的简单的安慰行为。父母应该鼓励孩子继续这样做，并教他一些其他的安慰方法，比如轻轻拍肩膀、握手等动作，还要教孩子说一些具有安慰作用的话，这样孩子就会越来越深刻地体验到如何表达同理心。当孩子的一些行为给别人造成伤害时，父母也要注意自己的管教方式，应该多向孩子强调他的行为的危害。比如，管教孩子不要太调皮，就应该对他说"妹妹被你弄疼了""姐姐的手因为你割破了"，而不是重复说"你怎么这么调皮"。

前面也提到，父母的身教是非常重要的。孩子会观察父母对其他情感的反应方式，从而加以模仿。孩子长大后的反应模式大多是从父母那里模仿而来。所以，在家庭中，父母之间要多表现出理解和包容；对同事亲朋，要有同理心，要多帮助；对不同阶层、从事不同工作的人，要尊敬，要多体谅；对残障人士，要多给予同情和关怀。

　　孩子从父母身上学到了同理心，以后在集体中才会照顾别人的感受，在工作生活中才会表现得有人性。如果父母在这方面没有做好，孩子同理心的萌芽也会逐渐枯萎，孩子就慢慢变得冷漠了。

先帮助别人，才有资格要求别人帮助自己

上幼儿园的孩子回到家，有的父母最喜欢问的就是："小宝，老师今天有没有给你喝牛奶？有没有给你吃饼干？你有没有跟小朋友打架？"这类父母特别喜欢注意他们的孩子在幼儿园有没有吃东西，有没有被别的小朋友欺负。我们不能说这样做不对，只能说这些父母偏移了教育与关注的重点。

有的父母会问："今天你有没有帮老师和同学们做事？""从明天开始，每天想办法帮助同学和老师做点事情，回来告诉妈妈，可以吗？"这类父母的这种观念叫作"帮助"。

这类父母会提醒孩子学会帮助别人，这样才有资格要求别人帮助自己。

有的孩子坐在椅子上，爸爸妈妈、爷爷奶奶几个大人站在他旁边。妈妈要孩子给爷爷奶奶让座，孩子高声说"不"。也许是因为孩子的倔强和调皮，在场的家长都笑了。但不知是否有人想到，其实这是一个关系到如何教育孩子的问题。在现实生活中，往往就是

这种生活细节上产生的教育漏洞，导致了孩子长大之后团队精神的欠缺。

不少父母纵容孩子、溺爱孩子，却不知一个从小就不懂得关心别人，不知道给爷爷奶奶、爸爸妈妈或其他人让座的孩子，是很难培养出团队精神的。

不少父母看不到别人，眼里只有自己的孩子，认为自己的孩子比谁的都重要，所以孩子也成了这个样子。相反的，有一部分父母会教育孩子去帮助别人，在遇到困难和选择时，要先照顾团体的利益，因此孩子做起事情来才会像大人一样成熟稳重。两类孩子长大后，在社会、职场的表现也有云泥之别。

社会其实也是一个团队，社会中的每个成员都要遵守社会秩序。如果社会成员没有团队精神，那么整个社会就很难产生凝聚力。中国古书上讲君臣、父子、夫妇、兄弟、朋友这五伦，让人们时刻遵守伦理道德。其实在这五伦之外，还有第六伦，即对遇到困难的路人和陌生人也要有团队精神，也要施以援手。

父母让孩子学会帮助别人，既可以培养孩子的道德品质，也向孩子灌输了团队观念。发现有人迷路了，我们主动提供帮助；看见别人的车抛锚了，我们应当停下来询问是否需要帮助；别人进电梯时，我们帮忙按一下按钮。父母要让孩子明白，这些都是他们能够做到的，他们的举手之劳就能帮助别人、维护秩序，这样，生活也会变得更加美好。

教育孩子不要区别对待朋友

我女儿的一举一动，只要牵涉人际关系，我都会特别关注。有一次，我送小女儿去幼儿园，我们在等绿灯的时候，她突然说："爸爸，对面有一个要饭的。"她说这句话的态度让我十分不舒服，她的语气中有蔑视、有淡漠。有着那么漂亮的小脸的她，怎么能说出这么没有礼貌而且冰冷的语言呢？我应该马上给她上一课。

"他也许有不得已的苦衷才来讨饭，我们应该帮助他。"我掏出零钱让她去给那名乞丐。

结果，她走过马路，"当啷"一声，将硬币丢进乞丐的碗里，那是个金属碗，硬币丢进去的声音特别刺耳。她跑过来，很高兴地说："爸爸，我给他了。"我很生气，说："刚才那'当啷'的一声，打击了人家的自尊心，你给他钱的时候要尊敬他，他的年纪跟爸爸差不多，你怎么可以这样给他钱呢？"她听了我的训话，低下了头。

我又掏出钱来："再送一次。"她又走了过去。这一次就不一样了，她弯下腰去，轻轻地将钱放在了那个碗里。

父母不要让孩子把人分出高低贵贱的等级，不要把朋友分等级对待。我们要对身边不同的人予以同样的尊重、理解和关怀，这是我们在人际交往中应该做到的。如果我们的孩子今天对乞丐冷漠，明天对清洁工蔑视，后天就可能会看不起周围的每一个人，没准儿大后天就成为孤家寡人了。

我初到美国读书的时候，问了教授一个问题："教授，我们班上谁是第一名？"

教授笑着说："余先生，你只要关心自己是否合格、能不能毕业就可以了，我们是没有分数，也是没有第一名的。"那时我才知道美国的学校是不看重分数的。

美国的学校没有分数，学生成绩只有 A+、A、A-、B+、B。这样，学生的学习压力不会很大。

美国的学校也没有名次之分，更不会出现把全班学生的分数公布出来让大家看的情况。美国的学校不排名次的主要目的是告诉孩子：大家都在学习，虽然有优秀和不优秀的等级之差，但没有必要在名次和分数上斤斤计较。没有这种人为创造的差别，也有利于培养出非常良好的团队精神。

曾经有一段时间，我国的学校教育过度强调三好生、模范生、资优生，这很容易使孩子从小就形成对人差别对待的观念，总是成绩好的孩子在一起玩，成绩没那么好的孩子在一起玩，父母们也经常这样教育孩子："你要多和琳琳玩，琳琳成绩好。不要和小虎玩，小虎整天就知道调皮捣蛋，我听他妈妈说他这次考试又是最后一名。"当然，现在这样的情况正在扭转。

其实，名次和分数对一个人的终身并没有很大的影响。名次和分数好一些，只能说是智力水平高一些，而事业发展光靠智力是不行的，情商往往更重要。所以，作为父母，我们不能只盯着孩子的学习成绩，更不该以学习成绩为标准将孩子分出等级。

有的父母经常这样说："你要多和那个同学玩，他爸爸是副局长；你不要和那个同学玩，一看就是从农村来的，看那穷酸相。"父母以贫富为标准给人划分了等级，这本身就是一种狭隘的交际观，孩子在这样的教育中会变得功利、势力、小家子气。富人不一定永远是富人，穷人不一定一辈子都是穷人，但是如果我们的眼光狭隘了，心胸便也狭隘了，人生的路也会处处变得狭窄。

一个团队中，正是因为团队成员多种多样，我们才看到了不一样的精彩，才能学习到不一样的精神品质。所以，不要让我们的孩子给朋友分等级，而应让他敞开心胸，真诚地对待每一个朋友，与同伴互相学习，共同进步。

作为父母，我们不要以自己的标准来衡量孩子的朋友。孩子愿意与某些朋友交往，一定有他的原因，或许是那个女生身上拥有他不具备却憧憬的性格，或许是那个男孩勇敢、乐于助人。干涉过多不利于孩子交往能力、判断力的发展，也会影响亲子关系。

引导孩子养成社交能力

学业进步、生活幸福、人生完美是每个人都期望达到的目标，成功是每个人都希望自己做到的。但是很多时候，我们在利益面前和他人总是产生分歧，于是开始不配合，甚至相互拆台，即使勉强合作，也往往因为缺乏诚意而半途而废，最后期望达不到，成功实现不了，我们的学业没有进步，生活不幸福，人生也不完美。

人也是群居动物，在群居的生活环境中，人更要学会合作，学会交际，学会顾全大局，才能适应环境，才能顾全大局，才能取得公众的信赖，成就一番事业。不会合作、不注重团队精神的人，最终将被团队所抛弃。

2002 年，巴西队在主教练斯科拉里带领下获得了世界杯冠军，这也是巴西队第五次捧得"大力神杯"。当时，主教练斯科拉里在赛前顶住了压力，坚持不用老将罗马里奥。罗马里奥是天才射手，是巴西人的骄傲，但他桀骜不驯，跟所有的队员都吵过架，甚至常常跟教练对着干。斯科拉里最后决定不让罗马里奥领军。

消息传出去以后，巴西人纷纷劝说斯科拉里：阵前换将是大忌。但斯科拉里不为所动。后来消息传到巴西当时的总统卡多佐的耳朵里，卡多佐也和众多球迷一样，希望看到这匹"独狼"再次出现在世界杯的赛场上。他亲自写信为罗马里奥说情，但斯科拉里很幽默地回了总统一封信，大意是："总统先生，如果你觉得非他当队长不可的话，那么这个教练我就不干了。要不，总统先生，你看你来当队长怎么样？"

总统的求情也没有起到作用，罗马里奥被斯科拉里拒之门外。

足球是非常讲究团队协作的。能捧得"大力神杯"的是一个团队，是十一个人，而不是一个人。罗马里奥尽管是天才射手，但是不懂得人际交往，不懂得团队合作，这是与足球的协作精神背道而驰的。

歌德说："人不能孤独地生活，他需要社会。"社交是一个人一生的必修课，社交能力是人类生存的重要能力。良好的人际关系不仅能给我们带来快乐，而且能助我们走向成功。只有从小就重视对社交能力的提高，不畏惧人群，很好地融入社会，才能在未来获得良好的发展。社交就是为人处世，会做人、会办事的人当然会有好人缘，这样多了朋友，少了敌人，成功路上的阻碍就会少一些，帮助就会多一些。

一个人再完美也不过是一滴水，一滴水终将在阳光下消失于无形，而团队就是大海，将每滴水都融于其中，每滴水不必担心干涸，大海也将更壮观。人也一样，只有加入团队中，才能显现价值，才能不被打败。没有完美的个人，只有完美的团队。所以，父母要在孩子小时候就引导他与人打交道。

孩子的社会性一般形成于三岁左右，如果在这一时期孩子能够得到父母无条件的接纳和充分的爱，他就会以此为基础，积极去探索世界，并与他人建立和谐的关系。相反，如果孩子在幼年时没有得到父母充分的爱，他就很难接纳和理解别人，在与人交往中便往往表现得过于敏感、自卑，甚至出现社交恐惧。另外，在处理人际关系上，有三点是应该把握好的：彼此和善、友好亲切、凡事沟通。

我们常常看到几岁的孩子在和朋友交往的时候发生矛盾，甚至产生一些比较暴力的行为。那么，怎样去处理呢？就是教导孩子拥有正确的交往策略。多数孩子的攻击行为都源于情绪表达方式和交往能力的缺乏，属于一时冲动的行为。其实，孩子的心中都是渴望友谊的，只是不知道如何与他人和睦相处。这个时候，父母应该及时教给孩子良好的人际交往技巧以及各种合理的情绪表达方式，让孩子在面对困境时能找到自己的化解之道。

第十章

创造力：
有创新能力的孩子有未来

"教育"的英文是"education"，这个词源于希腊语，在希腊语里的意思是"游乐"。其实，教育就是一种游戏。对孩子们来说，他们在游戏中得到了知识，在游戏中锻炼了头脑，在游戏中获得了实践，在游戏中得到了成长。

会玩的孩子头脑更灵活

在教育界，有一个有趣的"十五名现象"：最有出息的那些人，往往都是班上考试成绩排名第十至二十名的学生，而不是那些尖子生。

为什么会出现这样的情况？在学校的尖子生为什么难以成为社会精英？原因之一就是他们被培养成了考生，而不是学生。考生是为了考试而学习，而学生不是只为考试而学习。

不管是进入社会成为社会精英，还是进行科学研究，都需要一种共同的能力——创造力。只为应付考试的教育抹杀了学生的创造力，一切内容都制成了有标准答案的考题，教科书上、考卷上没有体现学生思考能力的地方，所有的考试考查的都是智力因素，非智力因素不列为考试内容，这样学生完全就成了考生，只会背诵，不会创造。

在家中，大多数父母也以分数标准、以学校的标准来评价自己的孩子。其实，作为父母，我们应该教导孩子"答案是丰富多彩的"，鼓励孩子去创新，去培养孩子的创造力。

"教育"的英文是"education"，这个词源于希腊语，在希腊语里的意思是"游乐"。其实，教育就是一种游戏。对孩子们来说，他们在游戏中得到了知识，在游戏中锻炼了头脑，在游戏中获得了实践，在游戏中得到了成长。

我接触过的一些男孩子，他们在小的时候玩积木，搭建出各种形状；再大一些，鼓捣桌椅板凳，用木头制作弹弓、宝剑，发挥着他们的想象力；更大一些，便开始鼓捣家里的小电器，真正看到了电路板，而不是物理课上的电路图。他们在玩中学到了数学，在玩中学到了物理，在玩中积累了文学素材，这些东西都是他们自己靠生活的经验得来的，要比背课本上的死知识更有意义。

会玩的孩子头脑更灵活。作为父母，我们要给孩子提供宽松的成长环境，寓教于乐。很多父母对孩子加压，想要孩子成为优秀的人，但他们让孩子努力的方向是错的。一定要名列前茅，一定要考满分，一定要比同事的孩子学习成绩好……父母总是带着这样的目的教育孩子，也许提高了孩子的成绩，却压抑了孩子的天性，忽视了对孩子创造能力和思考能力的培养。

父母要鼓励孩子在游戏中学习，放手让孩子在家中玩，给孩子提供一些材料，鼓励孩子做些发明创造。多让孩子参与各种活动，包括做模型、种花草、布置房间、组装家具、养小兔、习字画画、唱歌跳舞以及旅行远足等。这些饶有兴趣、多种多样的活动会吸引孩子积极主动地参与，并在做的过程中使他们的智力得到开发。

父母本身不能墨守成规，在家庭内部要营造创新的氛围。如果父母本身不是很有创新精神，就应该凡事想得开，心胸宽广，不过分制约孩子，在客观上为孩子创造一个自由宽松的环境。

放手让孩子在家里玩

我的两个女儿都是自己去国外读书的，一切手续办理都是她们自己办的。其实我有时间陪着她们，但是她们说不需要我陪。

记得大女儿出国那会儿，她到学校一星期了也没有给我们打电话，我太太有些担忧，就给她打了电话。

"妈，你怎么打电话过来了？"

"你一星期都没有打电话回家，你那边都办理好了吗？"我太太问。

"嗯，差不多了，这星期太忙了，我要办理各种手续，要整理宿舍，还要自己装柜子，就没有给你打电话。"

"你还要自己装柜子？装好了吗？"我太太继续问道。

"已经装好了，还好，我按照说明书装的。妈，我发现，有的学生很爱给家长打电话，手续办不好要找家里哭诉，柜子装不上也要哭诉，连电饭煲都不会用。我不这样。"

有的父母认为自己没有经历好时代，所以一定要给孩子最好的生活条件；认为自己没有机会好好学习，所以一定要让孩子好好学习。他们给孩子好吃好喝，什么都买给孩子，什么都不让孩子自己动手做，然后把孩子圈起来，圈在他的卧室里，圈在学校里，让孩子一直学习。这样，孩子的手就是用来拿笔的，眼睛就是用来看书的，脑子就是用来想标准答案的。这样的孩子到了国外当然会找父母哭诉，因为在国外一切都要自己动手。

我在英国和美国的时候，发现大部分家具都是要自己动手组装的。一般是买了后全家人一起动手组装，因为现成的组装好了的家具都很贵。

经常自己动手，才能锻炼双手，锻炼头脑。在这方面，我们的学校教育做得比较好。在幼儿园，教室里到处挂着孩子们自己画的图画、制作的手工，摆放着各种工具。在小学、中学，校方也会组织学生们参与各种动手的活动，比如植树、学农等，让孩子放下书本，走出课堂，在劳动中学习知识。但是，在大多数家庭里，孩子们就没有这样的环境和动手机会了，父母不会让孩子玩这些，也不会让孩子碰大人们使用的一些工具，只会要求孩子抓紧时间学习。孩子在家里玩不起来，不仅缺少了乐趣，思维也会受到限制，很难激发出好的创意。

父母应该放手让孩子在家中玩。玩就是动手动脑，在玩中，孩子自己摸索出了解决问题的方向，并学会提出问题，也培养了独立性。父母要激发孩子的兴趣，并鼓励孩子在独立玩耍中获得满足和乐趣，要对孩子的自主玩耍和创意始终抱积极乐观的欣赏态度。

我家有专门的工具室。因为我自己很喜欢修理电器、家具等，所以工具准备得很全。除了我对这间工具室很熟悉外，女儿们使用起这些工具也很轻车熟路。她们用钉子和锤子拼出了她们的书架，她们用滚刷给她们的卧室大门刷过漆料，她们用大扫帚扫过小区的街道。她们不将这些看成辛苦的劳动，而看成充满乐趣的游戏，所以总是很积极地使用工具。

孩子的玩具应该源于日常生活。一些最基本的物品，比如剪刀、白纸、胶水、废旧纸箱、彩泥等，不仅能让孩子百玩不厌，而且能让孩子发挥出无限的创意。

父母放手让孩子在家里玩，也应该提高给孩子玩的预算。比如，让孩子时常自己布置房间，给书桌添点装饰物，做个书架，做个收纳盒，粉刷一下墙壁，画一些装饰，让孩子从周围的事物入手，因为任何事物都可以成为孩子的玩具。这些事情会让孩子兴致勃勃，孩子也会从中得到锻炼。

鼓励孩子尝试右脑型文艺活动

人类的大脑分为左、右两边，我们称它们为"左脑"和"右脑"。左脑支配右手，右脑支配左手。普通人一般都习惯使用右手，右手更为熟练，说明普通人都是经常使用左脑的。左脑负责逻辑分析，右脑负责创意开发。左脑的记忆方式主要是"死记硬背"，容易遗忘，而右脑记忆通常是"形象记忆"，经过对物体类别、功能的辨识，有利于创造性思维和长久记忆。因此，右脑发达的人，往往会更有创造力。

学校里的知识类课程教育更注重锻炼孩子的左脑，但让孩子在创造力、想象力、思考力方面显得不足。因此，父母要注意锻炼孩子的右脑。对于右脑的开发，有一种方法的效果是非常显著的，就是鼓励孩子多尝试艺术方面的活动。右脑型文艺活动能够帮助孩子培养细致的观察力、丰富的想象力、高雅的鉴赏力以及丰厚健康的思想感情。父母在孩子课余时间鼓励孩子发展音乐、美术、舞蹈方面的业余爱好，对孩子的右脑开发很有帮助。文学、艺术这两方面就是形象思维，不仅能陶冶情操，也能锻炼形象思维。

达·芬奇是文艺复兴三杰之一，无论在艺术领域还是在自然科学领域，都取得了惊人的成绩。他的画就是艺术实践和科学探索的完美结合。爱因斯坦是物理学家，提出相对论这样一套影响世界的理论，但他平时也喜欢拉小提琴，在艺术方面有很高的造诣。

在使用左脑累了的时候，用右脑调节一下，右脑的活跃会刺激左脑，为左脑带来更多的创意。

文艺活动会给孩子带来快乐，孩子然后带着这种快乐去学习，去锻炼自己的左脑，效果是显著的。所以，父母应该在这方面主动培养孩子。

在培养的过程中，很多父母会犯错误，走进培养的误区。有的父母认为文艺活动就是弹琴、画画、跳舞，其实文艺活动是很广泛的，比如做手工、鉴赏音乐、各类体育活动等，都可以包括在内。它们对右脑的开发作用是没有差别的。有的父母在艺术类别上约束孩子，要求孩子学小提琴而不是二胡、学油画而不是水粉，父母太多的干涉反而会降低孩子的兴趣，更别提能达到锻炼右脑、提高创造力的效果了。

父母要善于发现孩子的兴趣爱好以及某些方面的天分，用让孩子感到舒适的方式引导孩子，让孩子继续保持兴趣。孩子对自己感兴趣的事情，肯定会愿意去学，也能学得更好。

孩子参加文艺活动，通常是为了丰富课余活动，如果想把孩子的文艺兴趣发展为特长，或是孩子非常喜欢，期望更深入地学习和发展，甚至打算未来从事这方面的事业，那么父母最好给孩子请专业的老师，这样孩子的潜能才能全部发挥出来，让孩子把业余兴趣发展为专业技能。

不要批评孩子的创意

我小女儿在读小学的时候，非常喜欢画画，我们就把她送到美术班去学画画。

有一天，我太太去接她，看见她正坐在窗边的座位上画大象，我太太在窗外瞄了她一眼，说："象怎么会有两只不一样颜色的耳朵呢？四条腿怎么会有四个颜色？"原来我小女儿画的那头象，左耳朵是绿的，右耳朵是红的，四条腿的颜色也不一样。

这时，老师走了过来，对我太太说："余太太，你女儿画的那头象有两只不一样颜色的耳朵、四条不一样颜色的腿，这是孩子的创意。希望您能尊重孩子的创意。

"余太太，因为总被批评、打压，所以很多孩子虽然小时候有很多好创意，但是长大后就慢慢变得平庸了。

"余太太，您以后再来接您女儿，请只做两件事：第一件事，安静地站在窗前，一句话都不要说；第二件事，如果您有什么话要说，请先到树下跟树讲完了再过来。"

············

就这样，我太太像小学生一样，被女儿的画画班老师"教训"了一番。我太太也是教师，当然能够明白老师的意思，对老师的批评心悦诚服。

鼓励孩子去尝试，鼓励孩子去创造，很多父母都明白这个道理，但是在一些具体的事情上经常会忽略，总是用成人的眼光、经验的教条，自以为是地去指正孩子、干涉孩子，甚至批评孩子。这其实是对孩子自我意识以及创造意识的打压。

不知道你记不记得，你的孩子在学校做了些手工拿回来，你的反应是什么？

"爸爸，你看这辆坦克车，很棒吧？我做的。"

"你怎么做成这样？一点儿都不像。"

孩子的自信心受挫，也许从此再也不做坦克车了。

不要批评孩子的创意。如果父母在生活中给孩子订立各种框架，比如不要动电视机的遥控器、不要动剪刀、除草应该这样除、烘焙蛋糕应该这样烘焙，那么孩子就只会按照父母教的方式去做事情。他们不会想要去研究电视为什么能放出会动的画面，不会去做手工，不会去想是否能够做出别的口味或别的形状的蛋糕。在框子里生活的孩子，能想到多远、走到多远呢？

很多父母认为孩子必须严加管教，一定要凶，一定要让孩子惧怕父母中的一个。当孩子不愿意再跟我们分享喜怒哀乐时，当孩子看见我们的脸色就默默地顺从时，我们应该感到悲哀。孩子要懂道理，但不能一味地听话，孩子对父母的尊重并不意味着言听计从，也不意味着要惧怕哪一个。那种一定要让孩子惧怕自己的父母，多半是因为自卑，不相信自己的爱、人格魅力、人文素养等可以赢得孩子的尊重，所以就只有靠暴力手段了。惧怕只会让孩子叛逆。如果孩子真的因为惧怕而逆反，我认为还不算太糟，最坏的情况是孩子因为这种过于严苛的管教变得唯唯诺诺，奴性十足。

牧场主为了防止牲畜乱跑，会在牧场的周围围上铁丝网，通上高压电，这样，牲畜害怕触电，就会远离铁丝网，在牧场内活动。一段时间以后哪怕断了电，牲畜由于习惯了，也不会企图跳出或者钻出铁丝网了。这种现象在生物学上叫作"亚斯兰现象"。生物学家很早就发现，动物一旦习惯于一个框架，就不会逾越。

越拘束就越没有想象力，越呆板就越没有思考力。所以，父母要不断引导孩子的思考行为。从生活上来讲，不要给孩子固化的习惯。比如，不要每天晚上都吃同样的食物，不要总给孩子买类似的衣服，不要在家里摆同一种花，等等。这样，孩子时刻被生活中的不同事物刺激着，脑子里就容易产生不同的想法，创意也往往由此而生。

当孩子正在进行一项有创造性的活动时，父母应该留出足够的空间给孩子创作，让孩子自由地发挥自己的想象力。如果孩子玩得认真、投入，父母千万不要插手，即使孩子的玩法与我们的不同。但如果孩子遇到难题了，父母就可以给他提示，鼓励他再次尝试。

在进行创造的过程中，必以想象为先导，没有想象就没有创造的意向，就不可能进行创造。明智的父母总是会根据孩子的想象力进一步激励孩子，引导孩子去实现其创造构想。

如果孩子的创意是一朵花，那么父母就是赏花人，父母的赞赏和陪伴能让这朵花开得长久，开得芬芳。

答案不要给得太快

有一天深夜，一名教授到实验室巡查，发现有一个学生在实验室里。教授问这个学生："你在做什么？"

学生回答："在做实验。"

"那么白天呢？"

学生继续回答："也是在做实验。"

学生本来以为自己这样的回答会得到教授的表扬和赞赏，谁知教授却严厉地责问道："你整天都忙于做实验，那么你的思考时间在哪儿？"

学生哑口无言，这番话也让他醍醐灌顶。

学习，不仅要非常努力，还要进行思考，这样才能理解知识，并有所发现，有所创新，得到学习成果。不能每天都在看书做题，却忘记了最重要的一件事——思考。为人处世也是如此，只有常思考，才能获得经验教训，才能获得进步，才能成长。

思考是工作的眼睛，善于思考可以避免工作的盲目性。倘若一个人整天忙忙碌碌地工作，而无暇思考，那么他只是工作的奴隶，是不会有所成就的。思考周到的一天，胜过徒劳的百天。只有不断地思考，才能成就自己。

思考习惯的养成对于孩子良好的思维方式的形成以及知识的积累有重要的影响。现在，越来越多的家长已经意识到了让孩子学会思考的重要性。孩子平时思考得多了，想象力会有显著提高，创造力自然也就提高了。

孩子总是有很多问题要问，好奇心总是很强，这说明孩子在主动思考。但是，如果随着孩子年龄的增长，孩子变得不太爱提问了，对什么事情都没有兴趣了，对什么东西都不好奇了，父母就应该反思自己的教养方式是否出了问题了。

当孩子问问题时，父母不好好回答，认为问题太幼稚而不理睬孩子的提问，孩子受到了打击，自然不愿意提问了；孩子还没完全讲出自己的疑惑，父母就将答案给了出来，表面上似乎是很重视孩子的问题，其实答案给得太快了，会让孩子不喜欢思考，越来越"笨"。

因此，当孩子有疑惑时，父母要引导孩子去找到答案。当孩子不会查资料的时候，就给他一定的线索，让他一步步总结出答案。有条件的话，父母应该在家给孩子准备各种工具书并指导他如何查阅，这样，当孩子会使用工具书查资料的时候，他就能够自主思考并寻得答案了。

我家的书房，我称之为"藏经阁"，里面有各种各样的书。我的两个女儿很小就懂得自己去"藏经阁"寻找答案。她们进入中学后，基本上已经养成了自己思考、主动寻找答案的习惯。我提供资料，孩子们自己去思考，去找答案，然后再与我探讨，这样的效果更好。

现在，有了网络，查找资料就更为方便了。但是，在孩子使用网络时，父母应该进行监督，防止孩子利用网络"偷懒"。有一次，我发现朋友的儿子在做数学题时，直接在网上搜寻答案，把题干上的几个关键词打出来，网上不仅搜出了原题，还搜出了答案，他就直接将解题过程照抄了一遍。这样寻找答案的话，就起不到任何锻炼思考能力的作用了。

锻炼孩子思考能力，有两方面需父母注意。

第一，要给孩子留出思考的空间和机会。不要因为孩子年龄小，就替孩子做决定、拿主意。父母要尽量与孩子一起商量事情，让孩子参与一些事情的决策，也可以针对一些所见所闻，向孩子提出问题，让孩子思考、回答。比如，在参观博物馆看见各种化石时，可以问问孩子"化石是如何形成的""如果恐龙复活，地球会变成什么样子"之类的问题。平时，多问问孩子"你是怎么想的""如果是你，你会怎么做""他这样做对吗"，让孩子进行思考，效果会更明显。

第二，应该让孩子学会听取不同意见。孩子往往只顾着说出自己的想法和看法，没有耐心或没有意识去听取别人的看法。由于听不进别人的意见，就容易造成目光短浅、见解片面与主观。如果孩子有一定思考能力了，父母应该让孩子多留意新闻、广播等对同一事件的种种不同分析，这对孩子学会集思广益以及形成专业客观的见解很有帮助。

家教成功，整个社会都有活力

好莱坞灾难大片《2012》中有句经典台词："幸好把建造飞船的任务交给了中国人做，其他国家的人根本无法完成。"这句话的潜台词就是中国是一个"世界工厂"。这究竟是贬义还是褒义？至少在我看来，这不是一件好事情。"世界工厂"名号的隐藏含义便是缺乏创意，只能从事加工，只能做一些简单劳动。创意是别人的，我们只是在做一些下游的、简单的、来料加工的体力活儿。

如果一个国家的公民都缺乏创意，学生是标准的"乒乓球"，这是十分可悲的。因为创意的缺乏，社会和人们的生活都会显得没有活力。

创意并非某个特定人群的"专属天赋"，而是一种可以找到规律的思维过程。经过正确而有效的训练和启发，我们可以进入一种有创意的状态，并找到一些有创意的方法。"学习创意"不是学习某种技巧，而是去体验对自我和周遭环境的认知与改造的不同方式。

父母的教条经验往往成为限制孩子思维发展的最大阻碍。幼儿的自我评价往往缺乏独立性，他们更容易接纳成人特别是父母的评价。一些父母不注意自己的评价对孩子发展的影响，经常随意批评、否定孩子，甚至指责、训斥孩子。这种经常性的挫折感和消极否定，会使孩子形成对自己的错误认知，产生己不如人的感觉，变得怯懦、自卑、孤僻，从而阻碍自身社会性的发展。

阿姆斯特朗小时候看着高高在上的月亮，充满了憧憬。然后，他豪气干云地对妈妈说："我以后要跳到月亮上去。"妈妈摸着阿姆斯特朗的头说："好呀，但是你不要忘记回家吃饭。"

1969 年 7 月，"阿波罗 11 号"宇宙飞船登上月球，这是一件振奋世界的大事件，也是人类历史上的伟大事件。坐在"阿波罗 11 号"宇航舱中的有三名宇航员，其中之一就是阿姆斯特朗。当时，全球有六亿人通过现场直播观看了他们的登月过程，在等待之后，他们听到了那句著名的话："休斯敦，这里是静海基地。'鹰'着陆成功。"就这样，阿姆斯特朗跨出"鹰"号登月舱，将左脚踏到月球表面上，留下那著名的脚印，成为人类历史上登陆月球第一人。

阿姆斯特朗的一小步成就了人类历史上的一大步，而他的一小步来自他小时候的"跳上月亮"的想法。当时，如果阿姆斯特朗的妈妈没有鼓励他，而是笑话他"异想天开""不切实际""人怎么可能跳到月亮上呢"，那么阿姆斯特朗可能就不会成为一名宇航员了。

在孩子小的时候，父母就是孩子的世界。这时，孩子还没有足够的心智能力去了解外面的社会，甚至不能完全理解父母的情绪表达，其对父母否定的表达唯一的理解就是：我不乖，我不好，所以爸爸生气了，我要改掉自己的毛病；我做得不对，所以妈妈批评我，我要改正。结果，孩子果真变乖了，变听话了，却缺少了灵动，没有了自己的思考。这样的孩子发展后劲不足，难以有所成就。父母的一举一动对孩子影响至深。父母是教育出了"乖孩子"，但是孩子有多少绚丽的梦想毁于父母的教育中？孩子有多少创造力、思考力毁于父母随意的嘲讽、干涉中？

而如果家教成功，孩子学到的是独立思考，学到的是善于创新，他的整个人生也会充满活力。

作为父亲，我也做过一些让自己很后悔的事情，那些事情给女儿的心灵造成了伤害。

记得在我大女儿读初二的时候，因为一个如今都记不起来的小错误，我一怒之下，把她的一小箱爵士乐 CD 扔掉了。

她很喜欢听爵士乐，自己收藏了很多爵士乐 CD，我们也帮她买了一些。我扔掉她 CD 的时候她不在场，等她知道后冲出去找，CD 已经不见了。那天晚上，她边做作业边掉眼泪。我有点后悔，几天后买了一张爵士乐 CD 给她："这是刚刚出版的爵士乐，你听听看。"她笑了笑："我现在不喜欢听爵士乐了。"

虽然她当时没怪我，并且极力想化解我的内疚，但是我知道自己的确做错了，真真切切地伤了她的心。从此，她不再听爵士乐，也不再收藏这方面的 CD 了。

这件事成为我心中的刺。有一次我到英国去看她，吃晚饭的时候无意当中聊起这段往事。我说："老大，你还记得读初中的时候，爸爸把你的一箱爵士乐 CD 给丢掉了吗？"

她成熟了，回答只有两个字："是吗？"意思是：爸，这事情以后就不要再提了！我只好低头吃饭，又一阵哀痛。这件事情给我一个很大的教训，就是做重大决定至少要隔一晚再行动。

尽管大女儿目前的生活状态很好，但是我想，如果我没有将她的 CD 扔掉，她的生活可能会因为爵士乐更丰富多彩一些，她的个性可能会更活泼一些，她可能会更快乐一些。

伤害已经造成，想要挽回是很难的。所以，我提醒父母们一定好好注意自己的言行，不要随便破坏孩子的兴趣爱好，不要随意教训孩子，而要与孩子建立良好的关系，多鼓励支持他，多尊重他，让他健康成长。

第十一章

决策力：
放手让孩子出谋划策

通过对一些有影响力的成功人士的调查发现，孩子在幼儿时期做决定的能力可能会影响他的一生。善于做选择和决定的孩子，更具有判断力和决断力，这样的孩子思想更加成熟，对于未来的把握更自信，表现得也更出色。让孩子自己做决定，不仅是尊重孩子、信任孩子的表现，也是增强孩子决策能力的方式。

孩子的决策力从细微处开始培养

管理学上有一句名言："一个错误的决策，一百个行动也无法挽救。"这说明了在职场中决策能力的重要性。领导级别越高，做的决策越重要，重要的决策做错了，就会产生很坏的影响。

在企业里，有的管理者很喜欢主导决策。开会的时候，管理者一直在讲话，员工们是沉默的。其实，这样的会议是自上而下的，结果多半是无效的。

我在日本的航空公司学到了一种决策的方式。日本的航空公司开会，总经理先讲一句话，比如："各位，一年一度的战略会议开始了，现在大家踊跃发言。"然后就坐下了。第一个讲的是主任级别的人，他讲完以后就到隔壁喝咖啡；接着副经理级别的人讲，他讲完以后到花园散步；然后经理级别的人讲话，他讲完以后也到另一个房间去抽烟……最后，会议室只剩下总经理、董事，他们几个核心人物开始商量决策，决定后，让大家都进来，宣布决策。这样的会议是由下而上的，大家发言的时候很可能声音很多，这样决策前所收到的信息就会更加全面，做出的决策也相对准确一些，而且决策出来后往往就只有一种声音了，执行也很容易推进。

如果总像前一种企业那样开会，员工们什么话都不说，久而之，他们不仅不愿意发言，也会对参与决策不感兴趣，只是被动接受上级的指令。在家庭中也是这样，父母高高在上，不给孩子参与发言的机会，孩子无法参与家庭决策，决策能力自然难以提高。

孩子在幼儿时期就开始做决定的能力可能会影响他的一生。善于做选择和决定的孩子，更具有判断力和决断力，这样的孩子思想更加成熟，对于未来的把握更自信，表现得也更出色。让孩子自己做决定，不仅是尊重孩子、信任孩子的表现，也是训练孩子决策能力的方式。

孩子的决策力应该从细微处开始培养。

孩子跟谁一起走路回家，妈妈都要干涉："你以后别总和小雷他们几个瞎跑瞎玩，多和楼上的方舟一起玩，他学习好，你多向他学习学习。以后放学就和方舟一起回家吧，我已经和方舟爸爸说好了，让方舟以后等着你。"

晚上，孩子做完作业，妈妈开始忙了起来，给孩子收拾书包，告诉孩子明天要穿什么："儿子，明天穿这两件衣服，我已经放在你床头了。"

"还是报数学辅导班吧，你数学不好，应该多下功夫。练跆拳道有什么用，一天拳打脚踢的。我已经给你报数学辅导班了，你周末就上课吧！"爸爸已经决定了。

…………

孩子一天到晚都在执行父母的各种命令和决定，交朋友轮不到自己做主，穿什么衣服轮不到自己做主，爱好不是自己的爱好，思想也不是自己的思想了。所以他做什么事情都习惯沉默，没有主见，让他做决定比登天还难。可见，孩子日后在工作中"拿不起"，很大一部分原因是父母造成的。

对孩子决断力的培养，更多是对孩子自主独立意识的培养。这种培养通常体现在日常生活的小事中。父母必须给孩子一定的自主决定权，即使是一件小事，如果让孩子自己决定，不仅会让孩子获得极大的满足感，更会锻炼孩子的决断能力。

"你来决定这件事。"

"你觉得应该怎样做呢？"

"如果你认为这样是正确的，那么就去做吧！"

"这是你的选择，希望你坚持。"

…………

如果父母经常对孩子说这些话，多让孩子做决定，孩子就会慢慢变得会决策。

孩子眼界开阔，做决定就会更全面

对管理者而言，要想做好决策，就应该站在高处，让自己的眼界开阔一些，而不是闭门造车。亲自走出去看一看市场，所看到的东西，所想到的事情，和坐在办公室空想是完全不一样的。经营一家酒店，不要坐在办公室里面想如何提供更好的服务、如何让顾客再次光临，而是应该站在酒店门口，看看员工是怎么服务的，看看客人有哪些要求，等等。这样，做出的决策才更全面、更实际、更有操作性。

决策能力是从不断的学习中得来的，需要多读有关的书籍，多学习科学理论，多学习别人的经验能力，多学习别人成功的案例。如果只保持一种认知方式，适应新情境的能力就会僵硬和受到限制。因此，多增加自己的知识、多听取各方面的信息、多开阔自己的眼界是很好的。我做过各方面的演讲，一是我需要有这方面的经历，二是我能够主动去开阔自己的眼界，学习更多的知识。当这些知识与我的实践融会贯通时，我才有底气做演讲。

父母培养孩子的决策力，也一定要扩展孩子的眼界，这样孩子做决定才能更加全面。

首先，让孩子多见识一些事物。不要总让孩子待在家中守着电子产品，这样很容易让孩子变得目光短浅。观察力水平的高低与孩子见识的多寡直接相关。观察力好的孩子，见到同样的事物会观察得更细致，角度更多，学到的东西自然多，眼界自然开阔。

所以，父母应该多让孩子亲近大自然，多带孩子去参观旅游。公园里的亭台楼阁、花草树木，动物园里的老虎、猴子、大象、黑熊，马路上的车来人往，商店里琳琅满目的商品，果园里的苹果梨桃……带着孩子去观察、去实践，让孩子在生动、鲜明、活生生的自然宝库中探索、追求，既锻炼了观察力，也开阔了眼界和增长了知识。

其次，不要让孩子的学习局限于教科书。让孩子看各种各样有意义的书，多收听收看新闻，了解天下大事。每天发生的新闻、事件往往能够引起我们很深的思考，去了解这些事件，并进行一定的思考，可让孩子增长知识，得到启迪。我家订阅了各类报纸、杂志，女儿们是要和我一起阅读的。她们在很小的时候就喜欢与我讨论各种话题，因此，她们的见识从小就要比同龄人广一些，做起事情来也更稳重、更成熟。

再次，让孩子多和人交流，不要将交流的圈子局限在父母和同伴中。尝试让孩子和不同年龄、不同职业、不同经历的人聊天，了解各种各样不同的做事方式，这样孩子看待事情就会有不同的角度，也会尝试使用不同的解决办法。当同事、朋友来家中做客时，让孩子学会招待客人，并跟这些成年人聊聊天；在小区里，让孩子主动和清洁工、物业人员打招呼，并尽可能去了解身边人的工作内容；在公共场合，多让孩子说话，多让孩子办事情，比如问路、买票等；鼓励孩子把自己的想法说出来，并让孩子去尝试。

最后，鼓励孩子多交朋友，不要封闭自己。让孩子多融入集体生活，在考虑问题、做事情时懂得顾全他人。

父母在这几个方面多培养孩子，对开阔孩子的眼界很有帮助，也会让孩子在做决定的时候思考得更全面。

适当时让孩子"当家"，培养战略战术思维

俗话说"不当家不知柴米贵"。那么，不知柴米贵也就自然无法当家做决策。孩子逐渐长大，他与父母之间发生看法冲突的时候就越来越多，这证明孩子在成长，有了自己的独立思维，学会了客观地看待生命中最重要的人的意见。同时，这也是让孩子学会怎样正确处理自己情绪和解决矛盾的机会。在冲突中，有一些规律能帮助父母识别孩子的情感，了解孩子的内心。当孩子无法冷静时，如果父母依然能够保持自己的风度，就是对孩子如何管理情绪最好的教育。

我大女儿小时候跟所有的小孩子一样，总是嫌她妈妈这个做得不好，那个没有准备充分。等她读初中后，这种情况越来越严重，我觉得自己应该给孩子好好上一课了。

某个周六吃晚饭时，大女儿又抱怨妈妈没有准备培根，我趁机说："明天你当妈妈，我们当小孩，我是哥哥，妈妈是妹妹。你明天

要像妈妈一样对待我们。"

"爸爸，这什么意思？"

"因为你一直唠叨你妈妈，想必你做得一定比她还要好。来，明天表演下，让我们学习学习妈妈是怎么做的。"

"爸爸，不要开玩笑。"

"不，我从不开玩笑。我说话一定算数。"

我和太太一直都是六点钟起床的，那天，我和太太下定决心要等着女儿来"照顾"我们。到了六点半，女儿见没人叫她起床，就跑到我们房间："妈妈，起床了。你怎么没有准备早餐？"

"今天你当家，你当妈妈。你去买早餐，我要吃咸豆浆。妹妹要甜豆浆，她的烧饼里只要半截油条。记住了，快去买呀！"我将角色扮演得十分彻底。

"到哪里去买啊？"女儿只好问道。

"哎，看那个巷子，"我指着窗外的一条巷子说，"前面有一个理发店，右转再前进一段路，你会看到一个卖豆浆的，快去呀。"

我见女儿要去洗手间洗漱，就对她说："你妈妈以往都是不洗脸就去的，快！"

女儿只好先去买。她回来后，把豆浆、油条、烧饼往桌上一扔，然后去洗漱。这时，我和太太有默契地将早餐都吃光了，等她回来时对她说："哎，妈妈都是后吃的。孩子们都吃光光，妈妈不饿的。妈妈去洗碗吧，我们要去看电视了。"

我跟太太上楼去了，小家伙在厨房开始洗碗，她没吃早餐还要洗碗，心中一定非常痛苦。等她终于洗完要上来休息时，我又说："快一点儿，我中午要吃水饺，妹妹要吃打卤面，你快一点儿嘛，都快中午了。篮子在这里，菜单在上面，这里还有五十块钱，距离我们家不远的地方有个菜市场，赶快去呀。你快点儿嘛，如果你每天都这样子，我们都要饿死了，这还没洗衣服，明天早上我和妹妹要穿制服，快一点儿呀，妈妈！"

最后，女儿流下眼泪，说："爸爸，不要再表演了。"

我说："你妈妈从生下你到现在，十五年来从来没有任何埋怨，你这才当一天妈妈！"

从那以后，她就再也没有抱怨过妈妈。

"看人挑担轻"，看别人挑担子都觉得很轻，这是因为自己没有挑过。孩子没有当过家，面对很多难题，总是无法理解父母，认为父母这件事没做好、那个方案没做好，考虑问题、做选择的时候都不全面。

有些人，出去吃饭喜欢抱怨菜还不上来、没人给续茶水，在公司也总是抱怨工作太累、薪资太低。做什么事情都抱怨，是因为他们习惯了抱怨，从小就养成了挑剔别人、说风凉话的习惯。我让女儿自己当一下"妈妈"，就是想让她知道，妈妈不是那么好当的，做什么事情都不是那么容易的。

战略是一种目标，要统筹全局；战术是实现目标的手段方法。总是在一旁看，而不亲自去指挥、去实践，是很难形成具体战略战术的。所以，要锻炼孩子这方面的思维，就应该让孩子去"挑担子"，去参与一些实际问题；就应该模拟出一些问题，让孩子尝试去解决。

引导孩子目光放长远，以赢得更大的成功

培养孩子的决策能力，要引导孩子将目光放长远。长远的目光就是不要注重眼前暂时的一切，包括名次奖品、利益酬劳、财富等。

孩子从幼儿园开始，一直到大学甚至研究生毕业，我们都在过度地重视他们的功课、分数和名次，虽然也提倡素质教育，其实都是在强调智育，始终都是用分数来评判孩子。

因为太看重学习成绩，太看重分数，大多数学生都很累。这是教育的一种极端。现在，我们的教育又出现了另外一种极端，一种另类"商学院"登场了，学生不是在教室上课，而是在宿舍弄网店，每天在宿舍接打电话，为客户服务，整个宿舍都堆满了快递盒子。

这两种极端教育，一个用名次分数限制住孩子，一个用财富金钱迷惑了孩子，让教育的目的和意义彻底缺失。如果在家庭教育中，父母再不予以导正，孩子不仅痛苦不堪，将来也很可能会迷失自己。

我的两个女儿在智力上都不算是最优秀的，在她们将近二十年的求学生涯中，我并不总是盯着她们的成绩和名次，因为我认为学习的能力比成绩和名次重要。其实，名次高的人容易走入极端，只会读书，对于别的事情不想做也不尝试去做，这样能力反而会受限。

现在，如果父母天天问孩子考了第几名、明天英语测验能不能拿满分、下次月考能不能超过同桌，等孩子工作了，就会问孩子工资多少、什么时候买车、什么时候能做到经理。最后，在种种压力下，孩子会不择手段、不惜一切地去追求名次、利益和财富。

我有一个远房亲戚，他教育子女很急功近利，只看到眼前的利益。他要求孩子必须在班上名列前茅。后来，孩子考上了台湾大学医学院。能考上这所学校是非常不容易的，也非常不错。但是，这个孩子后来并没有成为人中龙凤。

大学毕业后，这个孩子无意中认识了一名官员的女儿，就抛弃了交往四年的女朋友，与官员的女儿结婚了。结婚后，他顺利进入仕途，但是不到两年就因为贪污被调查。

这个孩子最后得到这样的结果，父母的教育是有一定责任的。他从小就被教育"力争上游"，要进入上流社会，将名次看得比什么都重要，所以，当有机会接近所谓的上流社会时他便做出抛弃女朋友的决定，当有机会接近财富时他便做出贪污的决定。

因此，在孩子很小的时候，应该让孩子的眼光放长远一些，不要让孩子变得功利。孩子树立了正确的人生观、价值观，才可能赢得更大的成功，才能获得更大的幸福。

　　我大女儿已经嫁人了，她找到了很好的归宿。我指的好归宿不是说家庭背景很好、嫁入豪门这类。女婿的家庭条件并不好，女儿当时也不是按照财富值来寻找对象的。因为我和太太一直以来对她的教育中就不包含财富分等级这个内容。财富、名次、权势从来都不是我们看人的着眼点，我们更看重未来的发展。女婿尽管家庭条件不好，但是他对我女儿好，对父母很孝顺，有责任感又很勤奋，很有发展潜力，这就是最好的。

　　培养孩子的决策力，重要的是教给孩子一种正确的决策标准，引导孩子将目光放长远，这样做出的决策才会正确。

多想五步，培养孩子的预见力

我父亲经常说一句话："真不会安排事情。"他也用这句话教育我们兄妹几个。我认为父亲的这句话是非常重要的。父亲说我们"真不会安排事情"，就是要求我们做事要有计划。经常问自己"下一步该做什么"，就是做事有计划性的一种表现。

有的人做事挫败，不是因为自己掌握的知识不够，而是由于没有想到下一步。一考虑到下一步，我们就要马上为其做好准备工作。做计划不仅需要记忆力，还需要具备一定的预见力和洞察力，即要求我们根据现在的情况推测出将要发生的情况并做出相应的应对方案。

某航空公司准备推出一组豪华客机，是这样设想的：座位有限，每次最多可载客八名，客机在任何时间、任何地点都可以起飞降落。

在形成决策之前，该航空公司进行了各种市场调查。谁是客户？有多少客户？能否赢利？是否能够保证服务？如何应对天气等各种突发状况？要求空姐具备什么素质？有多少航空公司会买这种客机？他们反复提出各种疑问，如果疑问不能完全解决，这种想法就不能形成决策。盲目决策，只会带来严重的后果，最坏的便是耗费大成本设计的豪华客机只能停在飞机场，永远也飞不起来。

可见，该航空公司在决策时是非常慎重的。

一般人在做决策时通常会犯几种错误：模仿他人，忘了考虑自身的时空背景；没有放大失败概率，没有预留最坏状况时的退路；没有把所有的资源和条件一一确定；没有事先预测可能出现的问题、障碍和困难。这些错误都是因为没仔细考虑决策实行时自身以及决策对象会发生的各种情况，即没有形成预见力。

在第一次世界大战的萨多瓦战役中，普鲁士总参谋部是这样替他们的指挥官做参谋计划的。比如，明天要过河，是早上过、中午过、下午过，还是晚上过？过河的时候军队是一起过，还是分批过？过河的时候什么东西先过，什么东西后过？下雨过不过或者下大雨过不过？总参谋部对所有可能出现的麻烦都设计出了应对的办法。

德国人做事非常认真，他们往往会事先预测一切可能出现的问题，并把所有可能的方案都计划好，对所有想不到的状况都做了最坏的打算。

德国人逻辑思维强，很擅长推理，做事情喜欢多想五步。多想五步，推测五步以后发生什么事情，事前采取一些有效的措施，这样才能避免出现更大的漏洞。这一点是值得我们学习的，也是父母应该教给孩子的。

一个人的预见力并不是与生俱来的天赋和灵性，而是客观事物在自己头脑中的反映。预见力一部分来自经验，是自己以往经历所

积累下来的直接感觉和经验；一部分是创造性预见，能预见到前人
所未能预见到的思维品质，是预见性思维中较高层次的预见。预见
力需要以灵活和发展的眼光考察未来。在生活中多观察，多思考，
多找寻事物之间的联系，增加实践经验，有助于预见力的提高。

　　一个人做出一个决定时，一个公司制定一个决策时，都要前前
后后思考清楚。要保证决策万无一失，就要仔细考虑到各种情况，
要对未来的演变有一种预见。多想五步，学会推理，就会形成一种
预见力。

　　身为父母，我们要注意培养孩子的预见力，引导孩子在做事前
多思考，为可能发生的状况做好准备。

后记
Afterword

家教成功，民族的未来才能更光明

一个民族要想强大，国民必须有想法，国家必须有器物，而这两点最终都要落于教育之上。

教育问题的解决，更有效的途径和手段是从一个点开始，从局部开始。如果一开始就陷入宏大的目标之中，我们得到的不仅是痛苦，而且很多本可以先行作为的事情也无力开始。我们有很多教育探索者，他们没有太多的华美语言，只有实实在在的作为，令人敬佩。

教育不能使人失望，家庭教育不能使人失望。对孩子的教育失败会使一个国家和民族陷入衰退。特别是当前世界格局处于大变革时期，作为家长，我们都应该肩负起一份责任！教育不仅为自己，为孩子，更是为民族，为我们自己的未来。

我小女儿在大学第二年暑假回家时，对我说："爸爸，我现在感觉什么大学都一样，学生们偷东西、懒惰、逃课、撒谎、作弊。"我问她："你在偷东西吗？"她回答："我当然不可能去偷东西。小时候那顿教训我可是一辈子都不会忘记，怎么敢去偷东西。"

偷东西是个严重的问题。人在小的时候只是因好奇而偷东西，如果没得到管教，上学后便可能作弊，上班后便可能变得狡诈和不老实。

我在小学一年级的时候，因为偷钱，被父亲吊起来打了个半死；读初中的时候，又因为作弊被父亲打了个半死。这是我一生中记忆最深的两件事。

所以，我格外注意这方面。我小女儿第一次偷拿家里的钱时，我"教训"了她一次，然后告诉她："家里有十个地方都摆了钱，你小心，千万不要去碰它。"我太太马上把她拉到一边说："爸爸说话算话，你注意点。"那时候，我们家鞋柜上、冰箱上、床头柜上都摆着钱，可她再也不摸了，她就是这样克制自己的行为的。

成年人品质恶劣，大部分是因为从小到大坏习惯的积累，是从小没有被教育好。如果他当初在幼儿园偷五毛钱，父母就好好教育他，然后时刻确认他有没有再犯，那他之后还会偷东西吗？家教好的人，长大了才能在工作上兢兢业业，才有能力创造出美好的未来，也才能为国家创造财富。

作为老板，我宁愿聘用一个品格很好、天分一般的人，也不愿聘用一个天分很高但品行不好的人。我们的家庭教育不要只注意培养高分，更要注意培养高能。

如果家庭教育很成功，我们的社会教育成本可以大量减少。当不用去支付这种社会教育成本时，我们可以省很多很多的钱。如果没有假冒伪劣产品，我们就不会花冤枉钱；如果没有剽窃没有盗版，我们要少打多少官司……

我们的家庭教育要给孩子民主和尊重。无论生活环境如何，做父母的要给孩子两样东西：第一个是根，即安全感；第二个是翅膀，即自由。这两点就体现在父母对孩子的尊重和家庭的民主氛围上。

我们的家庭教育要教导孩子学会理性思考。在为人处世中，父母要培养孩子理性思考的能力，而且父母自己也要做到理性思考。

我们的家庭教育要让孩子懂得规范和传承。父母要注意自己的言行，形成好的行为规范，让孩子在潜移默化中受到影响，把好的家风传承下去。

我们的家庭教育要告诉孩子平衡生活和工作或学习。能够做到这样的平衡，孩子才能在学习和今后的工作中张弛有度，劳逸结合，才能创造出更好的成绩。

我们的家庭教育要提醒孩子重视纪律和团队。人是社会性动物，个人的发展离不开团队的进步。只有做好团队中的一员，积极贡献出自己的力量，个人才能获得更好的发展。

我们的家庭教育还要让孩子修炼豪迈和大气。有了这样的性格，孩子更容易广结善缘，遇到挫折也不容易悲观放弃。

作为父母，我们要把最好的理念教给孩子，让他们继承中华民族的优秀品质，让他们在品德、情商、智力等各方面都均衡发展。这样，孩子的前途才会光明，民族的未来也才能更光明。

后记

家教成功，民族的未来才能更光明